JN042203

歯に衣着せずに　8
市川崑監督の思い出　14
気ままな髪の毛　20
母と私の合言葉　26
毎朝のお仕事　32
洋服より、靴が好き　38
死神を遠ざけて　44
三谷幸喜さんとは冷や汗覚悟で　50
私のデート相手　56
疎開と食べ物　62
しっかりした娘　68
億劫との戦い　74
黙って見てられない　79

# きれいに生きましょうね

## 90歳のお茶飲み話

目次

# きれいに生きましょうね

90歳のお茶飲み話

草笛光子

文藝春秋

お嫁に行けない　85
老後の資金はすっからかん　91
兼高さんと世界の旅　97
抜き足、差し足……　103
最後のお化粧　109
私を変えたひと言　115
目と歯と耳と　121
初めての日本アカデミー賞　127
おしゃれは寒いのよ　133
ミュージカルの醍醐味　139
我が弟・宝田明さん　145
パンツのゴムが伸びた日々　151
猫を探して　157

私は水難の相あり 163
終戦直後の思い出 169
インスタ始めました 175
刑事になりたい 181
遺言状を書きました 187
「草笛光子」の由来 193
私の転機 199
コロナと老い 205
九十歳のクローゼット 211
『光子の窓』のころ 217
勝新さん対三船さん 223
橋田賞の授賞式にて 229
女学校の思い出 235

身体と心のトレーナー 241
お肉が大好き 247
ヤケクソの力 253
めでたい、めでたい。 259
あとがき 266

# きれいに生きましょうね

## 90歳のお茶飲み話

# 歯に衣着せずに

私はいま、憤っています。そして、可哀想で可哀想で涙が止まりません。この写真は、何度見てもダメ。「焼き場に立つ少年」という写真です。小学校中学年くらいの坊主頭の男の子が、死んだ弟を背中におぶって、火葬場で順番を待っている写真。昭和二十年、原爆が投下されたあとの長崎で、アメリカの従軍カメラマンが撮影したそうです。

その写真が、一昨日またテレビに映っていました。見るのは辛い。けれども、目を背けてはいけない。

汚れた裸足で、不動の姿勢でまっすぐ前を向いて、歯を食いしばって口をへの字に結んでいます。いっそ、涙を流してくれていたほうがいい。我慢している顔が、なおさら辛いです。

こんなに心を揺さぶられる写真があるでしょうか。戦争は絶対にダメだと、如実に語っています。誰がこの子に、こんな思いをさせたのよ。なぜこんな年の子が、火葬場に並んでいるのか。お父さんは、お母さんはどうしたのだろう。戦争のあと、どうやって生きたのか。

この男の子が誰なのか、多くの人が探しました。撮られたのが長崎のどこで、足元に写っている電線は何の電線か。探したけれど、見つからないそうです。終戦の年に十歳だったとすれば、いま八十五歳ぐらい。どこかで生きていらっしゃるなら、私もお会いしてみたい。でも名乗り出ると、心の傷が開いてしまうのかもしれませんね。

私も昭和八年生まれですから、戦争を体験しています。家のあった横浜に父だけ残して、祖母と母、長女の私、弟、二人の妹とで、縁故疎開しました。群馬県の高崎、そこからさらに富岡へ。

その富岡で、下の妹が死にました。食べる物がなくて、どこかでご馳走になった牡丹杏（ぼたんきょう）（スモモの一種）か何かに当たってしまったんです。まだ五歳でした。キューピーさんみたいに髪の毛がクルッとしていて、きょうだいで一番可愛い顔をしている子でした。

　私は死んだ妹を背負いはしなかったけれど、空襲警報のたびに骨壺を持ち出す係でした。家の電気を消して、製糸工場の横を通って近くの川辺へ降りて、しゃがんでいるんです。そのときに「アキちゃん」って妹の名を呼ぶと、骨壺の中のお骨がカタコトカタコトいうのよ。敵機が来てビューッと飛んで行くまで、そうやって隠れていました。

　戦争が終わって、横浜へ帰りました。幸い父も、家も無事だったので、焼け出された近所の方々を招き入れ、とにかく一所懸命にただ生きてるだけでした。その頃はわからなかったけれど、いまになってみると、なんて大変な時代を潜り抜けてきたのか。でもあの頃の経験を思い出さなきゃいけないし、通ってきた道を語らなきゃいけない。あんな辛い思いを、日本人に二度とさせてはいけませんからね。

「焼き場に立つ少年」に注目したのは、ローマ・カトリック教会のフランシスコ教皇です。令和元年十一月に長崎を訪れてスピーチしたときも、大きく印刷したパネルが横に置かれていました。ローマ教皇がこの写真で、戦争や原爆の怖さを世界へ知らしめようとしているのに、日本は何をやっているんでしょう。それが恥ずかしくて、私は憤っているんです。

日本を守っているつもりになっている方々は、あの少年の写真を見て、絶対に戦争をしないと念じて欲しいと思います。私たちが涙を流すだけでは、どうにもなりませんもの。もしも日本が戦争のほうへ向かいそうになったら、あの写真を持って行って見せればいい。それで気付かないようなら、国を守る立場をやめていただきたい。

## 八十七歳、タガが外れた

私は、旅行ジャーナリストの兼高かおるさんとお友達でした。昭和三十四年から三十一年間も放送された『兼高かおる世界の旅』（ＴＢＳ系）は、まだ海外旅行が自由にできなかった頃の日本人に、世界を教えてくれるテレビ番組でした。五歳年上の彼女とは、夜中によく長電話をしたものです。

彼女は外国をよく知っているから、私は質問ばかりします。「どうして日本は自立できないの?」「外国に頼らないと食べていけないのよ」最後は政治の話や世界の問題を語って、「あら、もう二時間しゃべっちゃったね」。けれども一昨年(平成三十一年)、彼女は亡くなってしまいました。

だからいま、言いたいことを言える友達がいなくて寂しいの。『週刊文春』の編集部から連絡があったとき、「えッ、私、何か悪いことしたかしら?」と身構えましたよ。よくお聞きしたら連載だというのですが、どういう態度で何をお話しすればいいのか。兼高かおるさんと夜中の電話で話してたようなことを、言いたいように言っちゃえばいいのかなと考えて、お引き受けしました。

この年になって私、自分を規制するタガが外れました。いい顔をしたいとか、カッコよく見せなきゃとか、「世間のことを何も勉強してないな」と言われたら恥ずかしいとか、そういうタガが外れたの。もう、誰に何と思われてもかまいません。偉そうなことは言えないけれど、八十七歳には八十七歳の言い分や言い方ってものがあります。ボケてますが、それを書いてみます。

もともと私は、後ろを振り向くのが嫌いです。首が痛くなりますから。でも最近は、語り部としてインタビューを頼まれる機会も増えました。令和二年で芸能生活七十周年を迎えましたから、ご縁のあった映画監督や役者さんの思い出や、身の回りのことなども、お話ししていきたいと思います。

飾らないこと。それがいまの私にとって、きれいに生きること。女優人生も私の人生も、あともう少しで終わりでしょうから、歯に衣着せないで、言うだけのことを言って消えて行こうと思っています。世間知らずの私ですが、どうか笑ってお付き合いくださいい。

# 市川崑監督の思い出

映画があまり好きではなかった私に、映画の役作りの面白さを教えて下さったのは、市川崑監督です。『犬神家の一族』（昭和五十一年）から始まった「金田一耕助シリーズ」は、私を困らせるような役柄ばかりで大変でしたけど、それが楽しかった。私が芸術座にいて、台本を持って稽古をしている舞台裏まで市川先生はわざわざ来て下さって、「ねぇねぇ、また金田一やるんだけど、出るよね」。どうせまたおかしな汚れ役でしょうと思って「でも先生、どんな役？」と尋ねてみると、「チンドン屋で、旦那が三木のり平」。『女王蜂』のときですね。「出てくれ」とか「やってくれるかい？」じゃないんです。いきなり「やるよね」ですから、ノーとは言えません。

さぁそこから、市川先生と私の戦いです。「よし、この役で先生を驚かしてみよう」と思うわけね。『獄門島』では、地方を回る女旅役者という役柄でした。本番前に私、「先生、金歯入れていいかしら?」と相談したんです。「なんで金歯だ?」とおっしゃるので、「実はゆうべ、どういう役にしようかなって考えてたら、疎開先で見たドサ回りの一座を思い出して……」という話をしました。

群馬の富岡へ縁故疎開していた、小学生のときです。♪トントントントコトントントントン♪っていう人寄せ太鼓が聞こえてきて、私は見たいんだけれど、小さい弟をおぶっているし、母から「行くんじゃないわよ」と止められていました。それでも黙ってそっと行ってみると、木戸の隙間から、白塗りして侍の顔を作っている役者さんが見えました。こっそり潜り込んで、舞台も見ました。

その役者さんが「ヤーッ」て見得を切ったとき、キラッと金歯が光った気がしたんです。歌舞伎座あたりの一流の役者さんなら侍の役で金歯はないでしょうけれど、地方回りですからね。その幻みたいな記憶が、私の芸能体験の下地になっています。そのときの光景がパッと浮かんだと話したら、市川先生はいつものように煙草をくわえたまま、しばらく考えて「いい。やって」とひと言。

一緒に出ていた三木のり平さんに、「市川先生、怒ってるかしら」と話すと、「お前さんがやろうとしてることは、当たりだよ」とおっしゃったの。のり平さんは学問があって、歌舞伎にも詳しくて、とても物知りな方でした。戦時中、金や銀はお国のために供出しなきゃいけなかったけれど、なんとか出さずにすませようと、入れ歯にしてしまう人がいたそうです。私の女旅役者はその当時の設定ですから、金歯は自然だったというのです。

そんな偶然で、物事っていいほうへ転がっていくものです。急いで歯医者さんに行って、右の前歯に金歯を二本被せました。『道成寺』の鐘入りのシーンで、私が鐘の上に乗っかって見得を切ると、カメラがスーッと右へ寄って来るのよ。「あ、来たな」と思うから、こっちもわざと「ヤーッ」て。もう嬉しくてね。

そういうところが、市川先生は素晴らしかった。こちらが役を作ると必ず撮ってくださるし、負けまいとして、もっと膨らませてきます。そうやって「向こうがこう来たら、私はこう行く。あ、今度そうする？　じゃあ私はこうやるけど？」と、戦っていたのです。

その代わり、きれいな役はやらせてくださいませんでした。いつも汚い役ばっかり。『病院坂の首縊りの家』は、鋳物の風鈴を作っているお婆さんでした。頭から顔からメイクで汚して、まずテストの写真を撮ってみたら、先生はひと言「唇が草笛光子だね」。

本番の日、私はマスクをしました。鋳物を作る作業場だから、下は砂だらけです。その砂を頭から真っ白になるくらい被っておいて、石坂浩二さんの金田一が入って来る。そこでパッとマスクを外すと、口の周りだけ砂がついていないわけ。「唇が草笛光子だね」と言われたから、草笛光子の唇をわざと出してみようと思ったのです。怒られるかなと思ったら、「ああ、はい」とOKをくださいました。意地悪に対しては意地悪。そういう暗黙のせめぎ合いがありました。先生も面白がっていらしたんじゃないかしら。

そういう監督が、いまはいらっしゃらないわね。なんて言うと、仕事が来なくなるかもしれませんけど。こっちから戦いを挑んで、向こうがペチャンコになっちゃったら困ります。丁々発止と受け止めて切り返してくださらないと、気抜けしてしまいます。

## 女阪妻と言われて

市川先生は、『犬神家の一族』をご自身でリメイクされ（平成十八年）、私は、お琴の師匠の役をいただきました。衣装合わせのとき、先生がぽつんと私に「ごめんなさいね。君には汚い役ばっかりやらせて」とおっしゃったのです。ドキンとしました。先生が謝るなんてなかったことだから、もしかして、これが最後だと思っていらっしゃるんじゃないかって。

「いいのいいの。いいんです」とお答えしましたけれど、お別れなのかなと感じました。案の定、あの映画が最後の長編になって、二年後に先生はお亡くなりになりました。

そういえば、「草笛光子は女阪妻だ」と言われたことがあります。歌舞伎や時代劇映画で大人気だった、二枚目俳優の阪東妻三郎さんに似てるというんです。「市川先生、私のどこが女阪妻です？」と訊いても、「阪妻なんだよ」としか答えてくれません。訳がわからなくて、息子さんたちにも聞きに回りました。田村高廣さんも正和さんも亮さんも、ただ笑っていました。わからないって！

阪妻さんの映画を観ると、人を斬ったときの勢いでバーッと口を開けて、すごい顔をするの。それがカッコいいんだけど、私はそんな顔しませんからね。だから、どこがどうして阪妻なのか。いまも、あの世へ電話しようかと思うんです。

「先生、あれはどういう意味だったの？」

# 気ままな髪の毛

「素敵なグレーヘアですね」って、よく褒めていただきます。「お手入れは、どうされてるんですか」と訊かれることもありますけれど、実は何もしていないんですよ。

若い頃は毛の量が多くて漆黒でしたから、こうなるとは予想しませんでした。私の髪は、一本一本が太くてしっかりしています。自分の髪で怪我したことがあるほどです。ずいぶん前のことですが、「あ、痛い」と思って額を見ると、ポチッと血が出ていたの。

何だろうと思ったら、髪が一本刺さっていたのです。それくらい強くて、しっかりした毛でした。だから日本髪にはもってこいです。二十歳を過ぎたころに出ていた松竹の時代劇映画では、いつも地毛で髷(まげ)を結っていました。

年を取って細くなったことは確かですが、もともと強い毛だからと思って、身体の中でも面倒を見てあげていないのが髪なのです。顔は石鹸で良く洗い、お化粧をきれいに落として寝るとか、多少は気を使います。でも髪は、シャンプーで洗って乾かすだけ。自分でもこの白髪が気に入っているのに、ごめんなさいね、ってくらい。

私は二十代の頃から、白髪に憧れていました。父が真っ白だったせいかもしれませんが、街で白髪混じりの女の人を見かけると、なんだか素敵だなと感じていたのです。でも、女優としては役が限られてしまうのではないか、私のキャラクターに合わないのではないか、という気がして、白くなり始めてからしばらくは染めていました。

それをやめたのは、平成十四年に出演した『W;t（ウイット）』というお芝居がきっかけです。私は、末期の卵巣がんを宣告された、孤独な大学教授を演じました。実験的な化学療法の副作用で髪が抜けてしまったという設定なので、自分の髪を全部剃りました。舞台の上で、ガウンを脱いで裸にもなりました。

そんなことにこだわっていたら、自ら強い薬を飲んで「私はモルモット」と言いながら堂々と死んでいく女性は、演じられません。一、二ミリ伸びてくるたびツルツルに剃り上げていたのです。

その舞台が終わったあと、NHKの『ためしてガッテン』に出演することになりました。森光子さん、八千草薫さんと交代で出るのですが、私の頭はまだベリーベリーショートで、しかも白髪。観てくださる方をびっくりさせてもいけないと思ったので、

「カツラをかぶりましょうか」

と相談してみたら、スタイリストさんが、

「ダメ。そのまま出てください」

「エッ、白髪の坊主頭で?」

「いいんです。おしゃれで素敵だから」

「あらそう、それならこのままで」

と、あっさり決めました。NHKには視聴者から、「草笛さんの白髪、どういう心境の変化ですか」とお手紙が来たらしいです。実は以前から、染めるのをいつや

めようかしらと考えていたので、ちょっと踏ん切りをつけただけでした。

それを機に、黒く染めるのはやめました。六十九歳のときです。すると気持ちが解放されて、とっても楽になりました。もう、ウソも隠し事もない自分です。「素のままでいいんだわ」と気づいたら、「何でも来い!」って心境ですよ。

白い髪には口紅が映えるし、洋服選びも楽しくなりました。何色の服でも合うし、特に明るい色が似合うのです。黒と茶色の組み合わせが好きだった私が、鮮やかなブルーやピンクを着るようになりました。白い髪は女性を華やかに見せるし、気持ちまで晴れやかにします。

## 自然体が一番

以前は、白髪が目立つ年になると染める女性が多くて、「どうしてみなさん、染めちゃうのかしら」と残念に思っていたのですが、最近はグレーヘアの魅力が注目されるようになってきました。自然体が一番なんでしょうね。

というわけでずっと真っ白だった私の髪ですが、なぜかこの数年、黒い毛が生えてきました。私は何事もいいほうへ取る性格ですから、「黒いのが出てきちゃって、やあね」ではなく、「黒いのが出てきたら、上手に使えばいいんだわ」と考えています。

白いところに黒が混ざると、濃淡やグラデーションを出せます。ウェーブをつけたら、髪の毛が流れている筋を見せられます。真っ白なだけだと、ぼやけて毛筋は見えませんよね。綿菓子をかぶっているみたいですから。なので「あ、神様がくださったんだ」と思っているのです。

でも、なぜこの年になって、黒い髪が生えてきたのか。トーク番組でカメラに向かって、「どうして黒くなるのか、どなたか教えてください」とお尋ねしてみたのですが、回答はありませんでした。

確実なのは、髪を染める薬品を使わなくなったおかげで、頭皮が健康になったことでしょう。あとは、ずっと前からの習慣で、アミノ酸を飲んでいるせいかしら。髪の主成分は、アミノ酸だそうですからね。夏などは水分不足が怖いので、夜はお湯に粉末をひとさじ溶いて、枕元へ置いて寝ます。トイレで目が覚めたとき、少しずつ飲むようにしているのです。

白髪は、私を自由にしてくれました。だけどいい気なものでね、髪の毛だって自由になりたいんです。私に聞いてからにすればいいのに、知らん顔して生えてきますからね。でも面倒を見ていないから、白くなったり黒くなったりしても文句が言えません。「もう勝手にしなさい、頭の上で」って感じなのです。

若返っていると言われればそうなのかもしれませんけれど、上手くいかないものですね、自分の髪なのに。

# 母と私の合言葉

この連載のタイトルは、「きれいに生きましょうね」。外見を美しく飾るのではなく、「きれいな心で生きましょう」という意味。これは、母と私の合言葉でした。

女学校を卒業すると同時に結婚して、十六歳で私を産んだ母とは、姉妹のような仲でした。大正六年生まれにしては背が高く、痩せていて、大胆な柄やカラフルな色使いの服が好き。「宝塚の男役でしたか」と訊かれるような女性でした。私は顔も、背が低いのもスタイルが悪いのも、父に似たんです……。

私は、神奈川県立横浜第一高等女学校（現在の横浜平沼高校）を中退して松竹音楽舞踊学校に入りました。両親は猛反対でした。二年目に、研究生として松竹歌劇の初舞台を踏むことになって、稽古の日。誰もいない客席の「非常口」の緑の灯りの下に、ポツンと座っていたのが母でした。心配のあまりやって来て、夜遅くまで続く稽古を見守っていたのです。

映画やラジオなど歌劇団以外の仕事が増えると、母が送り迎えをしてくれて、やがて正式なマネージャーになってもらいました。母は読書が大好きでしたから、台本を読んだだけで、いい作品になるかどうか的確に判断します。人を見る目も確かで、私と合う相手を見極める勘は、特にズバ抜けていました。「あの人とは、ずっと仕事したほうがいいわ」などと、よく言われたものです。

ある舞台公演の最中、やや大きな地震が起こったことがあります。急いで幕を下ろして、お客さまに避難していただいてから客席を見ると、後ろのほうで観ていた母が一番前へ来ています。また揺れたら、私を連れて逃げようと思ったのだそうです。

胃潰瘍になって手術で三分の二も切った直後も、私が舞台稽古をしている芸術座へ、病院から杖をついて様子を見に来ていました。

やはり母親ですから、いざとなったらそんなふうに命がけになってくれる良さがあります。反対に、自分の娘を売り物にしなければいけないのに、親だから突き放せない面もありました。たとえば、今日の稽古は徹夜になると聞くと、演技をどう磨くかという算段よりも、「ああ、かわいそう」という思いが先に立ってしまう。厳しい第三者には、なり切れないのです。私のほうもつい、甘えが出てしまったり。あちらは母とマネージャー、こちらは娘と女優。シーソーゲームのように、お互いがバランスを取りながら戦っていたのでしょうね。

仕事中はさすがに「お母さん」と呼べませんから、「ねえ」とか「あなた」で誤魔化していました。俳優仲間やスタッフの間で「クリママ」と呼ばれていたのは、私の本名が栗田だからです。社交的でしたから、私より人気があったくらい。

森繁久彌さんが「光子に近づこうとしても、いつもママがいるから、デートにも誘えないよ」と冗談をおっしゃると、「あら、デートなら私とではどう?」なんて切り返していました。撮影を早く終えた市川崑監督から「ママ、行く?」と声をかけられると、「行こう行こう」と答えて朝まで麻雀。菊田一夫先生なんて、困ったことがあると「大変なんだよ」と母に相談したり。みなさんの母親役になって、甘えさせていたんじゃないかしら。

もともと普通の主婦で、芸能界のことなど知りませんから、気遣いや苦労は多かったはずです。けれども私には、一切話しませんでした。

この世界では、ほかの女優さんが「ねえ草笛さん。私、あなたのあの役をやりたくて待ってるんだけど。いつやめるの?」などと、平気な顔して言ってきます。正面から来る人はまだましで、「よし、裏で手を回そう」と考えて実行する怖い人もいます。賞までいただいた舞台を、次の公演で降ろされたこともあります。

母と二人で「我慢しようね」と、何度も何度も泣きました。そんなあれこれを経て、母が言ったのです。

「光子ちゃん、私たちはきれいに生きましょうね」

何があろうと、嘘をついたり、他人を押しのけたりするのはやめましょう。卑怯な仕打ちや理不尽な目に遭っても、そこに塗(まみ)れることなく毅然としていましょう。

私は素直に頷きました。以来「これはきれいじゃないな」と感じたら、すぐブレーキをかけるように心がけています。

「きれいに生きましょう」とだけ言ったら、若く見せようとか外見の美しさをイメージするし、何か先生が偉そうに教えるみたいでしょ? そんな表飾りのことだと誤解されるのは嫌だし、私は右に倣えも左を真似ろも嫌いな性格です。なので「私もみなさんも一緒に」という意味を込めて、母の言葉通り「ね」をつけた連載タイトルにしたわけです。

## やっぱりシーソー親娘

三十五年近くマネージャーを務めてくれた母は、晩年に認知症を患って、最後の一年くらい施設に入ってもらいました。それでも、私が選んで持って行ったパジャマを見れば「もっと派手なのを買って来てちょうだいよ」と文句を言う、昔と変わらない母でした。

施設から家に帰って来てもらって一緒にお酒を飲んだ夜、ある仕事を受けるかどうか迷っていると話すと、途端に叱られました。

「何を気取ってるの！　もっとパーッとおやりなさい。遠慮してる場合じゃないわよ」

とても認知症とは思えない、鋭いひと言。こちらの気持ちが落ち込んでいたら、サッと勇気づけてくれる。やっぱりシーソー親娘だな、と思ったものです。

平成二十一年に、母は九十二歳で亡くなりました。毎日、写真に向かってその日の出来事を報告して、「お母さん、どっちがいいと思う?」とか「これでよかったよね?」と話しかけています。

母の日を前に考えます。「いい女優になるからね」という約束を、私は果たせているでしょうか。

# 毎朝のお仕事

「朝茶はその日の難を逃れる」小さい頃におばあちゃんから教わったこの言葉が、ずっと心に残っています。ご存じの方も多いでしょうが、朝お茶を飲むと、一日のさまざまな災難を避けられるということわざです。「朝茶は福が増す」とか「朝茶は七里帰っても飲め」というのも、同じ意味ですね。お茶は健康にいいし、目覚めてすぐに飲むと気持ちが落ち着くことから、できた言葉なのでしょう。

おばあちゃん子だった私は、毎朝このことわざ通りにお茶を淹れています。まず仏様に差し上げて、お灯明とお線香を上げて、ちゃんとお経も読みます。ついでに、自分とお手伝いさんのお茶を淹れるのです。

今日の舞台で転んだらどうしようとか、客席に落っこちないかしらとか、いろいろ心配がありますでしょう。そうした災難から守ってくれると信じて、飲んでいます。古いことわざだからって、バカにしちゃいけません。きっとうまくいくだろうと思えてきますもの。昔の人はいいことを言いますよ。

何より、朝茶は本当に美味しい。ちょっと高いけどお煎茶のいいのを買っておいて、梅干しをちょんと切って入れて飲むと、スーッとさっぱりするし、頭もすっきり。梅干しは、がんの予防にもなりますしね。

地方のロケや海外へ出かけるときも、習慣は変えません。ニューヨークでもパリでもお茶と梅干しを持って行って、ホテルでポットを借りて、部屋で淹れています。私にとって毎朝の大切な日課なのですが、お茶の前に、いくつかお仕事があります。

目が覚めてすぐは手が固まっていて、言うことを聞いてくれませんよね。血の気が巡っていないから、すぐにお茶を淹れようとすると、お茶碗を落として割ってしまったり、手をどこかにぶつけて「アイタタ」となったり、お湯がかかって「熱い！」といったヘマをしがちです。

まず、手をちゃんと動かせるようにしておかないと危ない。そこでずっと続けているのが、手と指の体操です。お布団を出る前の「あ、目が覚めた」という瞬間から、両手を出して揉み始めます。手首から始めて、指を一本一本、揉んだり回したり曲げたりするのです。「この程度だな」という力の加減と、「これを何回やったら、次はこれ」という順番を、ラジオ体操みたいに自分で考えて作りました。

特に大事なのが親指です。一番よく使う指ですからね。ゆっくり回したり、ちょっと痛いくらいまで後ろ側へ反らせたりします。指の先のほうを持って反らせてポキッといったら困るので、付け根のところを押さえます。

たまたま手にした健康法の本に、手の親指を元気にさせて血の巡りをよくすれば、身体全体が温まるし、認知症にもならないと書いてあるのを見つけました。「なんだ、自分で考えてずっと続けてきたことじゃない」とビックリして、「よしよし、私は正しいことをやってきたんだ」と嬉しくなりました。理に適って（かなって）いると知らないまま、毎朝続けてきたのです。

次に、背伸び体操をやります。仰向けのまま背伸びをして、腕全体、手の指先、足の指先まで、グーンと伸ばす。そしてハアーッと、息と力を抜く。伸びを少しずつ大きくしながら、何度か繰り返します。そうやって、寝ている身体全体を起こして、手先や足先から徐々に身体をほぐして、温めていきます。

　これは何十年も前のこと、歌舞伎役者で前進座の創立メンバーでいらっしゃった三代目中村翫右衛門先生と舞台のお仕事をご一緒した際に、ご自身の習慣を教えて下さったのです。「あ、いいことね。いただき」とすぐに見習って、欠かさずやっています。

　私は二十五歳のとき、お医者様から「あなたの骨盤は少しずれているから、腰に気をつけなさい」と注意されたことがあります。けれども、ぎっくり腰も慢性的な腰痛も経験しないままこの年まで過ごしてこられたのは、朝のベッドでやっている背伸び体操のおかげかもしれません。

　とここまでが、お布団の中の一クール。起き上がるときは、仰向けからスッと立つことはしません。腰に負担がかかるといけないので、必ずゴロッと横向きになってから、ゆっくり起き上がります。

　そういうところが思慮深いのは、急に舞台に立てなくなったら大変だからです。役者は、体力と筋力が資本。特に背筋と腹筋です。どんな役柄も自在に演じるためには、自在に動く身体が必要なのです。

## 「よく生きますように」

起きたら窓を開けて、天気のいい日はパッとお日様に当たります。そしてベランダへ出て、深呼吸を五回くらい。これから仕事に行く先は、舞台の裏とか撮影所とか、たいてい空気のよくない場所です。だから朝の澄んだ空気を、いまのうちに吸い込んで溜めておこう。ケチだから、そういうことを考えるんですよ。

そして空に手を合わせて、「今日、よく生きますように」とお祈りをします。「よく生きさせてください」とお願いするのでも、「よく生きます」と誓うのでもありません。「よく生きますように」というのは、日本語の文法的には変かもしれませんけどね。

そのあと「難逃れの朝茶」をいただくと、「ああ、目が覚めた。さあ、今日一日もいい日だわ」って思えます。小さなことばかりですが、これが私の朝のお仕事。指から始める体操は、美味しいお茶を淹れることが目的。朝茶をいただくのは、一日を無事に過ごすためです。

自分で決めたコース通りに一日が始まれば、それだけで元気になります。皆さんにも、ぜひお勧めしたいですね。

## 洋服より、靴が好き

洋服よりも、靴がずっと好きでした。持っている数なら洋服ですが、好きな順番で言えば、靴、服、帽子です。

いっぱい集めすぎたので、足のサイズが合う人たちに、かなり差し上げてしまいました。マネージャーをしていた母から、言われたのです。

「ヤマタノオロチじゃないんだから、たくさん持っていたって仕方ないでしょ」

それもそうだなと思ったのですが、ヤマタノオロチって頭が八つに尾が八本でしょう。足は何本なのかしら。

なぜ靴が好きなのか考えると、理由のひとつに戦争があるようです。終戦から間もない頃、横浜の我が家の隣に、年配のご夫婦と若い娘さんが住んでいました。娘さんというのは、山本富士子さんみたいに綺麗な顔をした方でね、外国の商社か何かに勤めていらしたようです。ときどき、アメリカ人のボーイフレンドを連れて来ていました。

そのお姉さんが、いつもお洒落な恰好をして、かっこいい靴を履いていたの。戦争中からずっと、新しい靴はなかなか手に入りませんでした。女学生だった私は、破れたつま先を靴屋さんで縫ってもらった、古くて汚くてみすぼらしい靴を履いていたのです。だから、隣のお姉さんがいつも羨ましかった。そんなことを思い出します。

そのあとも人生の節目で、靴にまつわる思い出があります。

昭和三十年に公開された『修禅寺物語』という松竹映画があります。淡島千景さんや岸恵子さんも一緒に出た作品で、高橋貞二さんの演じた源頼家の妻・若狭局が私の役でした。

この映画がヴェネツィアの国際映画祭に出品されることになって、松竹の城戸四郎社長ご夫妻とお嬢さんが現地を訪れる旅に、私も加えてくださいました。イタリーからドイツ、フランス、スイスと、一か月半くらいかけて回ったのです。イタリーの靴は特に素晴らしくて、街で靴屋さんを見かけるたびに私の足が止まってしまうので、お嬢さんから「もうダメ」と呆れられていました。

ヨーロッパを回ったあと、一人でニューヨークへ行って、ブロードウェイのミュージカルを見ました。松竹歌劇団出身で以前からミュージカルをやりたかった私は、自分もあんな舞台に立ちたいと強く思いました。けれども歌舞伎が看板の松竹で、ミュージカルの上演は考えられません。帰国して城戸社長に、松竹を辞めて東宝へ移りたいという相談をしました。城戸社長は、

「君がミュージカルをやりたいことは、旅行中からわかっていた。ホテルで、大きな声で歌ってるのが聞こえたからね。残念だけど、菊田君のところへ行きなさい」

と、快く送り出してくださったのです。他社作品への出演や専属俳優の移籍が許されない時代ですから、ありがたいことでした。『君の名は』で有名な菊田一夫先生は、日本のミュージカルの父のような存在で、その当時は東宝の取締役でした。

そうして私は、日比谷の東宝劇場などでミュージカルに出るようになったのです。とはいえ、二十代前半で移籍したばかりで、いきなり主役級ですから、先輩からいじめられたり、悲しいことや嫌なことがありました。そんなときは、舞台の地下へ

下りて行きます。人がいない所で思い切り、ワーッと怒鳴ったりウーッと泣いたりするのです。

泣き終わったら、お化粧を直して外へ出て、隣にあった三信ビルへ行きます。その地下に、派手な靴ばかり並べている中国人の靴屋さんがありました。そこで、靴を一足買います。自分へのご褒美と癒しね。「ああ、また買っちゃった」と思うけれど、気持ちが直って、次の舞台に出られるのです。だから辛いことの分だけ、靴が増えちゃった。いまだったら負けませんけどね、そんな時代もありました。

外国へ行くと気になった靴屋さんに飛び込んでしまう癖は、ずっと変わりません。つま先がとんがっているような、ちょっと変わったデザインや、幅の細い外国サイズが、私の足には合うようです。そんなふうにしてアテネで買ったスニーカーは、面白いですよ。くるぶしのところが高くなっていて、外側がメッシュで透けていきます。まるで二階建てのスニーカー。着いた日に街を歩いていて、よさそうな靴屋さんに入って見つけたのです。

## 靴は「横」から眺める

好きなものだと、お店探しにも鼻が利くようになります。ショーウィンドウを見て面白いものが目に留まると「ここに入ろうかな」。すると「あっ、これ欲しい」と思うものが見つかるのです。

靴を選ぶときは、横から眺めるのがコツですよ。だって前からでは、新幹線を先頭から見るようなもの。横顔を見なければ、カーブの形がわかりません。その靴を履いたとき足が綺麗に映えるかどうかは、横から見たとき決まります。足元が決まっていると、立ち姿も素敵です。

でも最近は、素敵よりも身体が大事。高いヒールなんか履いて転んでしまわないように、気をつけています。ついこの間も、足首を捻(ひね)っただけで、ひと月も湿布のお世話になりました。足は大事です。舞台に立てなくなったら困るし、延期になっていたオリンピックの聖火ランナーを務める予定もあります。希望が叶って、生まれ故郷の横浜を走れるのです。

二百メートルですからあっという間でしょうけれど、聖火のトーチが一・二キロもあって、ちょっと重い。片手で持って高く上げるので、肩とひじが疲れます。「担いじゃおうかしら」と言ったら、髪が燃えるかもしれないからダメですって。

なので、本物のトーチと同じ長さと重さの棒を用意してもらって、練習しています。筋肉をつけて、しっかり走れる身体にしておかなければいけませんね。

# 死神を遠ざけて

去年（令和二年）の出来事で辛かったのは、ご自分の命を絶たれる芸能人が多かったことです。お若くてこれから先、もっともっといいところへ行ける方たちでしたから、本当にもったいないし、残念です。

中でも藤木孝さんは、何度もお仕事をご一緒した方です。

昭和三十八年、私は『コンサート型式によるミュージカルの夕べ』を主催しました。スポンサーをつけずに自分でお金を出し、会場や出演者との交渉からチケットの販売まで、一人でこなしたのです。

たった一日の上演でしたけどメンバーは豪華で、三島由紀夫さんが監修で黛敏郎さんが音楽監督。指揮者は石丸寛さん。演奏はシンフォニア・ムジカーレ四十人に、ジャズのウエスト・ライナーズと宮間利之とニューハード。藤木さんやフランキー堺さん、クラシック界から立川澄人（のちに清登）さん、中村邦子さんも出演し、『ショウ・ボート』『マイ・フェア・レディ』『ウエスト・サイド・ストーリー』などのナンバーを歌いました。

藤木さんはあの頃、「ツイスト男」と呼ばれて人気の真っ只中でした。いまの方はご存じないかもしれませんが、ツイストというのは音楽に合わせて身体をひねるダンスで、世界中で流行したのです。日本では藤木さんがブームの立役者で、ヒット曲を連発していました。

会場は上野の東京文化会館です。当時はクラシックやオペラ専門のホールで、ポピュラー音楽には貸してくれません。何度も交渉に通ってようやく使用許可をもらったあと、なんて言われたかと言うと、

「藤木さんがお出になるのは、やっぱり困ります。お客さんを興奮させたら、幕を閉めますから」

お客さまは静かに聴いてくださったので、幕は閉められずに済みましたけどね。

それほど人気のあった歌手業を藤木さんはさっと引退して、役者に転身されました。文学座の研究生になって基礎から演技を勉強したあと、ミュージカルの舞台や

テレビの時代劇で活躍されたのです。八十歳で亡くなったそうですが、八十七の私から見れば、まだこれからですよ。

こんな私にも、死にたいと思ったことはあります。三十代の半ばでした。話は、演出家の菊田一夫先生がミュージカル『屋根の上のヴァイオリン弾き』の日本初公演を一緒にやろうと、声をかけてくださったところから始まります。たまたまロンドンへ行く予定があった私は、現地で行なわれていた公演を観て勉強もできるし、張り切っていました。ところが出発前々日、こう言われてしまったのです。

「あの役は、ほかの女優に決まったから」

絶望的な気持ちのまま、ヨーロッパからニューヨークへ渡りました。演劇評論家の倉橋健先生にお会いすると、ブロードウェイでヒット中のミュージカルを勧められました。気が進まなかったのですが、チケットをいただいたので観に行ったのが、『ラ・マンチャの男』でした。

「こんなに素晴らしい作品があったとは！　どうしても日本で上演したい。その舞台に立ちたい」

衝撃の出会いでした。帰国してすぐ、菊田先生に掛け合いました。

「私は先生に役を降ろされて、女優を辞めようと思っていたけれど、これをやらせてくださるなら続けます」

そうやって東宝に上演権を取っていただき、昭和四十四年の初演に漕ぎつけました。主役は松本白鸚（はくおう）（当時は市川染五郎）さん。令和五年まで五十年以上も続いた『ラ・マンチャの男』の日本初公演です。

ところがヒロインのアルドンサ役は、私を含むトリプルキャストでした。宣伝は三人の争いをあおるようなやり方だったし、劇評でも比べられました。加えて、ブロードウェイから招いた演出家の要求は厳しく、現地で観た演技に自分が及ばない悔しさと情けなさもありました。

そうしたあれこれが積み重なって、食べられないし、夜も眠れません。ある日の明け方、「もう朝を迎えたくない」そんな気持ちになって車に飛び込もうと思い詰め、大通りへ出たのです。ところがそんなときに限って、小さなオート三輪しか来ないのね。「あれにぶつかったら、向こうが転がっちゃうわ」。諦めて家へ帰って、マネージャーをしていた母に電話をかけました。

「死ねなくて、帰って来ちゃった」

そう打ち明けると、母はアッハッハと笑うのです。娘がこれほど苦しんでるときに……と腹が立って、そのまま寝ました。目が覚めると枕元に、真っ青な顔をした母が立っていました。横浜の家から、心配のあまり飛んで来たと言います。電話ではわざと笑い飛ばして、死神を遠ざけてくれたのでした。

結局、ほかの女優さんが二人とも体調不良になって降板してしまい、アルドンサは千穐楽(せんしゅうらく)まで私が一人で務めました。翌年の再演では、私だけがキャスティングされました。

## 役者の腹の底の底

しばらくのち、また辛い経験をして「死にたい」と口走ったことがあります。今度の母の答えは、

「そうね、いまは死に時ね」

参りました。そんなふうに言われたら、かえって死ねませんよね。

「あなたが死んでも、誰も悲しまない。あなたの役を待ってる女優さんが、いっぱいいるのよ」

と言われたこともあります。役者の腹の底の底は、どう説明したらいいでしょうか。皆さん、激しい荒波の中を泳いでいるのです。

苦しいとき一番の力は、わかってくれる人が近くにいることです。私は母に救われました。肉親で、乾いた目で私を見ていたから、いつも一枚上手でした。どなたにも、そういう存在があればいいのですけれど。

もともと先の保証がない私たちの業界ですが、去年の春からコロナのせいで、舞台が中止になったり、映画が公開延期になったり。役者やスタッフにとって、辛い時間が続いています。早く元通りの仕事や生活が戻るようにと、願うばかりです。

# 三谷幸喜さんとは冷や汗覚悟で

来年（令和四年）のＮＨＫ大河ドラマ『鎌倉殿の13人』に出演することが決まりました。脚本は三谷幸喜さんで、小栗旬さんが主役の北条義時です。私は、大泉洋さんが演じる源頼朝の乳母（めのと）・比企尼（ひきのあま）という役。頼朝が伊豆に流された不遇の時代を二十年も支えた、功労者といわれる女性です。

平成二十八年の『真田丸』も、三谷さんの脚本でした。私が演じたのは、大泉洋さんの真田信幸（のぶゆき）と堺雅人さんの真田信繁（のぶしげ）（幸村）兄弟の祖母・とり。弟ばかり可愛がって、信幸が「ばば様」と呼びかけても「あ？　聞こえん」と意地悪していました。今回は祖母から乳母。大泉さんとどんな掛け合いになるか楽しみです。楽しみと言えば、『真田丸』撮影の合間に、私が白いチョコレートが好きだと言ったら、大泉さんが故郷の北海道へ帰る度にチョコレートをお土産に買ってきてくれました。またチョコレートをいただけるかと思うと、そちらも楽しみ。

長い年月を描く大河ドラマでは、登場人物が次々に亡くなっていきます。その亡くなり方をどう描くかが難しいんだと、三谷さんがおっしゃっていました。とりの最期をどうするか。「草笛さんはどうやって死にたいですか」とプロデューサーに訊かれたので、こう答えました。

「そうねぇ。死に顔は見せたくないから、馬に乗って森の中へパパッと走って行っちゃう。みんなが『ばば様、危ないから戻って来て!』と止めても聞かず行ってしまう。しばらくしたら裸の馬だけトボトボ帰って来る。きれいな死に方だから、それがいいわ」

「なるほど。三谷さんに伝えておきましょう」

ところが、とりが死ぬ回の台本が届いたら、臨終の場面がたっぷり描かれていました。それも、床の中でガクッと目を閉じ、集まっていた一族が「ばば様!」と周りから覗き込み、死去を伝えるナレーションまで重なった途端、「ちと早すぎた」とつぶやいて目を開くんですよ。

そしておもむろに立ち上がると、兄弟二人だけ呼んで城の櫓(やぐら)に上り、

「人は誰も、宿命を持って生まれて来る。己が宿命に気づくか気づかぬか。見ておるぞ、ばばは。怠るな」

と言い遺すのです。

ありえないでしょう。息を引き取ったか……と思わせたところで、「ちと早すぎた」と起き上がるなんて。三谷さん、なんて難しい台本をお書きになったのでしょう。案の定、稽古では役者のみなさんが懸命に笑いをこらえ、我慢できずに噴き出す始末。

どう演じたら良いのか、本番まで一週間、眠れずに悩んで、プロデューサーに相談しました。

「私も笑っちゃうし、みんなも笑っちゃう。観ているお客さまはもっと笑っちゃいそうだけど、どうしたらいいの？『真田丸』を台無しにしちゃうかもしれないわよ」

プロデューサーも、「困りましたね」と頭を抱えるだけです。仕方なく、「誰も笑うなよ」という顔をしながら演じました。その場面のあとのナレーションで改めて、とりの死去が伝えられました。ありがたいことに、評判はよかったようです。リアルではあるまじきことをリアルにする。私の女優人生の中で、印象に残るシーンの一つとなりました。

放送後、三谷さんからメールをいただきました。「自分で書いた台本なのに涙が出ました。僕もこれからしっかり生きていこうと思います」。本当に純真な方です。

## 「この人についていこう」

三谷さんとの最初のお仕事は、『ロスト・イン・ヨンカーズ』という舞台でした。ニール・サイモン作で、台本と演出が三谷さん。私は三谷さんの作品のユーモアが好きだったので、ずっと前から舞台に出たいと思っていました。けれどもお稽古中、どう演じたらいいのかわからず、目の前が真っ暗になったとお話ししたら、

「大丈夫。暗闇の中を、僕が手を引いて歩いてあげますから、ついて来てください」

と、おっしゃった。私はすっかり安心して、「この人についていこう」と思った

のを覚えています。最近ご本人にこの話をしたら、「そんなこと言ったかな」と照れていらしたけど、とても感謝しています。ただ、私以外の女優には、そんなこと言ってはイヤですよ！　おかげで私は、このお芝居で紀伊國屋演劇賞の個人賞をいただきました。

　次にご一緒したのが、三谷さん脚本のテレビドラマ『オリエント急行殺人事件』。私は侯爵夫人を演じました。役柄にふさわしい黒い衣装が見つからなくて、家の中を夜中に半裸で駆けずり回って、自分の服を引っ張り出しました。そのことを三谷さんに言ったら、「あ、それはすいませんでした」と。

　この秋に公開予定の映画『老後の資金がありません！』では、一シーンだけ共演しています。草笛さんと共演できる機会なんてないからと、お忙しいのに快諾してくださったと聞きました。ある理由で、私が毒蝮三太夫さん演じるおじいちゃんの身代わりになるシーン。毒蝮さんそっくりにゲジゲジ眉のメイクをして寝ている私のところへやって来る区役所の職員が、三谷さんです。

「なんとしてでも、草笛さんを笑わせてやろうと思って来た」とおっしゃるのですから、本当に困ります。目を閉じて寝ている私に覆いかぶさって、グッと顔を近づけてくるのです。見ると笑ってしまいそうだから、私は一切見ないようにしていました。

そうしたら本番で、鼻の先に何かぶつかるのです。何だろうと思って薄目を開けたら、三谷さんの鼻だった。そして「草笛さんの顔を間近で見れて良かったです」と無邪気におっしゃる。

私が聖火ランナーに決まったときも、喜んでくださった。でも、「横浜のどこ走るの？　何月何日の何時頃？」とあんまり訊くので、また笑わせに来るのかしらと思い、「まだ決まってません」とついごまかしてしまいました。

そんな、何が飛び出してくるかわからない三谷さん。『鎌倉殿の13人』も一筋縄ではいかないでしょう。これから始まる撮影では冷や汗をかかされそうですが、覚悟してお待ちしています。

# 私のデート相手

近ごろ私、デートが日課になりました。待ち合わせは夕方五時。最寄り駅に近い、小さなお花屋さんの前です。四時を過ぎると、支度にとりかかってウキウキ。いつもこっちが先に着いて「まだ十分前だわ」「あ、五分前だ。そろそろ来るかしら」とソワソワ。

駅のほうから歩いてくる人波の中に姿が見えると、大きく手を振ります。私に気付いた彼は、一目散に走り寄って来ます。リードを持つ飼い主さんを引っ張りながら。

彼は、七歳半のゴールデンレトリバーのサヴィちゃんです。散歩の途中に偶然知り合って、三か月になるかしら。飼い主さんは、学校の先生を引退されたおじさまです。

とても頭のいい子で、五歳のお孫さんにリードを持たせても、ちゃんと言うことを聞くそうです。私が用意してきたタッパーを開けて、鶏のささみの茹でたのを取り出すと、嬉しそうに食べてくれます。前に同じ種類の犬を飼っていましたから、すぐ仲良くなれちゃいます。でも、こんな自分が哀れになりますよ。駅前でいつも待っていて、まるで〝忠犬光公〟でしょ。

私が飼っていたゴールデンレトリバーは、きれいな白い毛のメスでした。舞台美術家の朝倉摂さんに「犬を飼いなさい。もらいに行きましょう」と誘われて行ったのは、画家の池田満寿夫さんのお宅でした。奥さんの佐藤陽子さんから「はい」と子犬を渡されて、もらって帰ってきたのです。もう三十年も前の話です。

名前はシャーリーにしました。ちょうど、朝倉さんに勧められた『私はシャーリー・ヴァレンタイン』という一人芝居に取り組んでいたからです。だからあの頃は、家に帰って来れば「シャーリー」と呼び、劇場へ行けば「シャーリー」と呼ばれていました。

子どもの頃の我が家にも、いつも犬がいました。昭和の前半ですから、もちろん雑種ばかりです。庭で飼って、家に上げることはなかったし、ご飯だって、人間の食べ残しにお味噌汁をかけてかき回したのだけ。ですから犬は好きで慣れていたのですが、私自身が雑種だから、犬も雑種がよかった。ゴールデンとか何とか、大層な名前の犬に会ったことがなかったし、雑種じゃない犬はなんか威張ってるみたいで、偏見があったのです。

ところがシャーリーは、来たときからずっと家の中です。「こんなに大きいのに偉そうね」と思いましたけど、昼も夜も一緒にいると、可愛くなっちゃいますよね。

シャーリーは十三歳で死んでしまって、次に飼ったのは黒いラブラドールレトリバーのオスです。テレビで「犬が死んだので、泣き暮らしています」と話したら、プロデューサーの石井ふく子さんが、たまたま楽屋へいらしていた洋画家の絹谷幸二画伯を紹介してくださいました。

「うちへいらっしゃい。ちょうどいい犬がいますよ」とおっしゃったのですが、「でも私、前のが死んでしまったばかりで、まだ飼う気になれません」とお断りしました。

それでも「ちょっと見るだけでも、おいでなさいませ」と言われて伺ってみたら、真っ黒な子が出てきました。一度もらわれて行ったお宅がどこかへ転勤になって飼えなくなったせいで、戻ってきたそうです。生後五か月でした。

「出戻りだけど、頭のいい子ですよ」と絹谷画伯の奥さまにも勧められて、「私も出戻りだし、シャーリーとは色も違うし、オスだし、比べずにすむかな」と思って、いただくことにしました。どういうわけか二匹とも、絵描きさんがくださった犬なのです。

マロンという名前がついていたのですが、私はマロと呼んでいました。一緒に散歩していて挙動不審な人を見かけると、マロはピタッと立ち止まって危険を知らせて、その人がいなくなると歩き始めました。

朝はベッドまで、朝刊を持って来てくれました。ご褒美にビスケットを上げるのが習慣になったら、何か運べば美味しいものを貰えると考えたようです。その辺にある布巾だのスリッパだのを私の前へ咥(くわ)えて来て、おねだりをするようになりました。その無邪気さが、また可愛くて、可愛くて！

以前に三國連太郎さんが、「犬は演技の勉強になるんだよ」とおっしゃったことがあります。「へぇ、そんなものかしら」と思ったのですが、いまでは同感。犬はいつも正直だし、余計な演技や狙った演技をしませんからね。

## また飼いたいけれど

マロは三年前に、十四歳で死んでしまいました。それからは毎朝ベランダへ出ると、「マロちゃん、おはよう」と挨拶します。空に、マロが飛んでいるような気がするのです。「マロちゃん、今日は雲が多いわね。あの雲に乗ってくればいいのに」とか「今日は雲がないわね。青い空を黒い犬が飛んだらきれいよ」と、おしゃべりします。外に出て、いつもマロがおしっこしていた電信柱の前を通ると、しゃがみ込んで匂いを嗅ぎたくなって、皆に止められます。

あまりに寂しくなってしまったので、また犬を飼いたくて仕方ありません。本当は、我が家に大きな庭が欲しい。そうしたら、虐待されている犬をみんな連れてきて、助けることができるでしょう。捨てられた犬を引き取ろうかと思ったのですが、お役所は年寄りには譲ってくれないそうです。だって私が先に死ぬから、そのあと誰が面倒を見るのか。

すると、舞台の『新・6週間のダンスレッスン』でご一緒したTOKIOの松岡昌宏君が、「俺が面倒見るから、飼えばいいよ」と言ってくれました。松岡君の家には、小さいのが三匹いるのです。私は大きい犬が好きだと言ったら、「大きくても小さくても同じですよ。いつでも引き取ってあげます」って。

大きい犬が好きだから、ライオンも飼ってみたい。ネコ科ですけどね。でもライオンと暮らしたら、私は次の日この世にいませんね。

## 疎開と食べ物

ドラマや映画の撮影現場へ行くと、スタッフや役者の人数分のお弁当が積んであります。「おはよう。今日は何?」と訊いて、「これは鶏で、これが魚です。こっちはのり弁」「ああ、のり弁がいいわね」と、先にもらっておきます。

けれども私には量が多いし、「午後から芝居が大変なところだわ」と考えると、全部は食べ切れません。「もったいない、もったいない」と思いながら残してしまいます。

作ってくれた人に申し訳ないし、世界には飢えている子どもがたくさんいることが頭に浮かんで、ますます申し訳ない気持ちになります。戦争中に育った子ですから、食べ物を無駄にすることに罪の意識が強いのです。

昭和十九年八月、私が住んでいた横浜でも空襲がひどくなって、学童疎開をしました。といっても行き先は、同じ横浜市内の小机(こづくえ)です。我が家のあった斎藤分町から三会寺(さんねじ)というお寺まで、国民学校の同級生と歩いて行きました。

祖母が何度か、会長をしていた婦人会の用事があるような顔をして、会いに来てくれました。「光子ちゃん」とこっそり呼ばれてお堂の裏にある墓地へ行くと、「早く食べなさい」と言っておむすびをくれます。

お寺で出された食事はまったく覚えていないのに、あの味は忘れません。満足にお米のない時代で、お腹が空いていますから、お墓の裏に隠れて夢中で食べました。のりも巻いていない塩むすびだったと思いますけれど、美味しくてね。「食べた？大丈夫？　じゃあ行きなさい」と背中を押され、素知らぬ顔してみんなのところへ戻っていました。

私は引っ込み思案な性格で、他人と話したり一緒に生活できる子ではありませんでした。広いお堂にみんなで布団を敷いて雑魚寝するのが、辛くてたまりません。歩けば一時間ほどだし、家へ帰りたい。でも逃げ出して連れ戻された級友を見ていましたから、方法を考えました。先生のところへ行って「体温計を貸してください」と頼み、はあ～って息をかけたり擦(こす)ったりして温めて、熱が出たという理由をようやく拵え、家へ帰してもらったのです。

両親は「光子は学童疎開には向かない」と考えて、家族で縁故疎開することになりました。仕事がある父だけ横浜に残り、祖母、母、私、弟、二人の妹とで、群馬の高崎へ。さらに富岡へ移りました。

疎開先では、母が箪笥から着物を一枚ずつ取り出しては出かけていく後ろ姿を見ていました。帰って来ると、わずかなお米や野菜に換わっています。母の苦労が子ども心にもわかって、とても気の毒でした。

母が出かけると、私は祖母を手伝って、家族みんなの食事を作ります。薪でお湯を沸かしてお味噌汁にして、粉から作ったすいとんを入れられる日はまだいいほうです。五歳だった下の妹は、どなたかにご馳走になった牡丹杏(スモモの一種)を食べたら当たったようで、患った末に死んでしまいました。食べ物がないって、そういうことです。

玉音放送を聞いたとき、まず思ったのは「ああ、これでお菓子を食べられるかな」。甘い物などすぐ手に入るはずもないのに、頭に浮かんだのは食べることでした。

## 〝特攻の母〟の気持ち

いまから数年前のお盆に、祖父母と両親のお墓参りに行った帰り道。横浜市内を車で通っていて、何か感じるものがありました。「学童疎開していたお寺、この辺りじゃなかったかしら」と言うと、一緒に行った人がスマホで検索してくれて、すぐに三会寺が見つかりました。

さらに、戦争中の歴史を記録したサイトに「斎藤分国民学校から、八月十三日に百六十五名の児童が疎開してきた」と書いてありました。こんなことがあっていいの？　その日は八月十三日だったのです。

車を止めて境内に入って、七十数年ぶりに、おにぎりを食べたお墓のところへ行ったら、涙が出そうになりました。お墓参りのあとですし、母がここへ呼んだのでしょうね。

私のマネージャーをしていた母が、どうしても私にやらせたいと言っていた役があります。戦争中、鹿児島県の知覧町にあった陸軍飛行場の近くで「富屋食堂」を切り盛りしていた、鳥濱トメさんの役です。トメさんは、若い特攻隊員の身の上話を聞いてあげたり、軍の検閲に通らない手紙や遺書を預かって家族に送ったり、出撃が決まった隊員には、最後に食べたい物を無料でご馳走してあげて、〝特攻の母〟と慕われた女性です。

そして今年（令和三年）『特攻兵の幸福食堂』というドラマに出演が決まりました（ＮＨＫＢＳプレミアム）。トメさんがモデルで、私はその思い出を語る家族の役。身が引き締まる仕事です。

明日死に行く若者に、好きな物をお腹いっぱい食べさせてあげることしかできない。「ご馳走さまでした。思い残すことはありません」と言って去って行く後ろ姿を、見送ることしかできない。それはどんな気持ちでしょう。おいおい泣くわけにもいかないのです。

私の叔父は中国大陸で戦死しましたし、周りには特攻隊員になったものの終戦で助かった人もいます。小学生の私も竹やりの訓練をして、空襲警報が鳴れば防空壕に避難しました。目の前に焼夷弾が落ちたわけではないけれど、戦争は我が身に沁みついています。本物の弾は飛んで来なくたって、いろんなものが飛んで来るのが戦争なのです。

そうした道を歩いて来た私たちの世代は、この幸せの意味を感じなければいけないし、語らなければいけません。軍部が悪かったとか言いますけど、特攻隊員を送り出したのは私たち一人ひとりです。戦争が正しいと信じた責任はないのか。いまの私たちも、何か間違ったことをやらされてはいないか。そんなことを考える季節です。

## しっかりした娘

テレビドラマ「赤いシリーズ」の第四作『赤い衝撃』（昭和五十一年〜五十二年）で、私は山口百恵さんの母親を演じました。十四歳でデビューした百恵さんは、あのとき十七歳。歌はもちろん、映画やドラマにも引っ張りだこになっていました。

制作の大映テレビに行って、百恵さんと初顔合わせをしました。ほんの少しお話をしただけで、「若いけれど、実にしっかりしてる。これは見事な女だな」と感じました。十七歳の頃の私どころか、四十代前半だった当時の私よりも落ち着いていたのです。

プロデューサーは野添和子さん。女優の野添ひとみさんの双子のお姉さんです。顔合わせを終えて、私は野添さんに言いました。

「百恵さんと私に親子をやらせるなら、向こうをお母さんらしくして、私を娘の性格にしてくれます？　会って話してみたら、私のほうがずっと子どもみたいだから、よく出来た娘と、未熟で欠点だらけの母親でやらせてください」

親娘という設定だけで、台本の細かい部分はまだ決まっていなかったのです。

「なるほど、そういう手がありますね。作家に提案してみましょう」

と、野添さんは賛成してくれました。そして私は世間に疎(うと)い元芸者で、娘の面倒は見るけれど、どこか抜けている母親になりました。娘はしっかり者で、「お母さん、駄目じゃない」と言い、「あら、そうかい」と答える間柄です。

百恵さんが見事な女だという思いは、撮影が始まってから一層強くなりました。朝三時からロケに出発した日でも、夕方五時くらいになると「はい、そこまで」と言われて、百恵さんは歌の仕事に行ってしまいます。そのあとは、同じ服を着た代役の方がスタンバイしていて、顔が映らないシーンを撮影するのです。こちらもやりにくいですけど、時間に追われてあっちこっち連れて行かれる百恵さんも、かわいそうでした。それでも耐えていたのが、いじらしく思えました。

「お芝居のほかに歌もあって、忙しくて大変でしょう」と訊くと、「マイクの前に立って、一人になる瞬間が好きなの」と言っていました。決して弱音は吐かないし、売れっ子だという自分の立場に溺れることもないので、舌を巻きました。

私など、お父さん役の中条静夫さんに「今日のお弁当は美味しくなさそうだから、どこか外へ食べに行こう」なんて言ってしまいます。でも百恵さんは行かないし、文句も言わず、用意されたお弁当を食べていました。自分がきちんとしていないと足をすくわれることが、あの歳でわかっていたんですね。

## 二人は恋をしている

ある日は「お母さん、『紅白歌合戦』の振り付けを習ってきたから、ちょっと見てくれる?」と言って、狭いお化粧部屋で「♪一二三四、二二三四♪」と踊ってくれました。「ここんとこ、どうやったらいい?」「もう少し、足を上げたほうがいいわね」「こうかしら?」なんてやっているときは、本当に可愛かった。

百恵さんの役は、陸上選手として活躍していたのに、新米刑事の撃った銃弾が間違って当たり、車椅子生活になってしまった娘という設定でした。次第に惹かれ合っていくその刑事が、三浦友和君。間でおろおろするのが私です。

「はい、摑まって。よっこいしょ」なんて言いながら、私が百恵さんを抱き上げてベッドに寝かせたり、着替えをさせてあげたりするシーンがありました。吹雪の中、浅間山の頂上近くへロケにも行きました。友和君と「すごい雪の中に来ちゃったね」と言いながら、私は着物を着て長靴を履いて、百恵さんの車椅子を押して撮影したのです。

「赤いシリーズ」は何作も続いて、いろいろな女優さんがお母さん役を演じました。「草笛さんは、本当にお母さんらしいお母さんでした」と百恵さんがポツンと言ってくれたのは、そんなふうにスキンシップの多い役柄だったせいで、特別な情が湧いたのかもしれませんね。

撮影を終えたあとに、「あなたの曲をたくさん聴きたいわ」と言ったら、レコードからお気に入りの曲を録音したカセットテープを自分で作って、「はい、お母さん」と渡してくれました。疲れて眠いでしょうに、一晩で持って来てくれたのが嬉しかった。そういう打てば響くところも、実に見事でした。

まだ友和君との交際を宣言する前でしたが、二人は恋をしているなって、薄々気付いていました。沖縄ロケなども一緒に行きましたから、愛情の交換があることをなんとなく感じたのです。あとで聞くと、会えない日は仕事が終わると一人で喫茶店へ行って、友和君に電話をかけるのが、唯一の楽しみだったそうです。

最後の日本武道館のコンサートも観に行きました。引き際が、また立派でしたよね。自分の人生にピシッとけじめをつけて、潔くスパッと辞めたら決して姿を見せません。「どうしてる？　元気？」とたまには電話でもかけたいところですが、そんな百恵さんの心意気がわかるから、こちらも我慢。

友和君と仕事で一緒になったとき、こっそり「百恵ちゃん元気？」と訊くと、「元気です」「ああ、そう。よろしく言ってね」「はい、伝えておきます」。それくらいです。

会いたいなぁ。どんなお母さんになったかしら。と思っていたら、次男の三浦貴大さんと、三年前に『ばぁちゃんロード』という映画で共演しました。「うわー、まだ二十歳前だったあの娘に、もう三十を超えた息子がいるのか」とびっくりしましたけど、二十一歳で引退したのは昭和五十五年ですから、当然ですね。

私の娘を演じた百恵さんは、若いときから出来た女。あれから何年たっても、しっかりしない私……。

# 億劫との戦い

（令和三年）十月二十二日の誕生日で、八十八歳になります。「私、米寿です」と言うと驚かれますけれど、一日一日生きて来ただけですから、自分では何とも思っていません。昨年の日本人女性の平均寿命は、八十七・七歳だそうです。ということは、やっと平均を超えたところですよ。私、平均の顔してますかしら。

身体には悪いところもありませんが、老いは日々感じています。たとえば、寝付きが上手くいきません。寝るのが遅くなる分、昼間に眠くなります。年を取ると、こんなに眠いものでしょうか。トコトコトコトコ眠っていて、もうこのまま目を開かないんじゃないかと思うくらい。そして、夜はまた寝られません。

早寝早起きするために、安眠法の本をずいぶん読みました。「なるほど。こうすればいいんだわ」と、頭ではわかります。わかるけれども、実行するのが億劫なんです。

老いとは、億劫との戦いです。「よし、明日の朝から散歩をしよう」と決めて、目が覚めたとき「そうだ、今日から歩くんだわ。早く起きなきゃ」と思っても、たちまち言い訳が浮かんできます。「朝から暑いわ。年も年だから、このお日様の強さには気をつけなきゃいけません。今日はもう少し寝ておこう」とか、「お腹が空いたから、先に朝ご飯を食べましょう」。食べ終わると「ちょっと休んでから」。テレビを見たり新聞を読んだり居眠りしたりとグズグズしているうち、お昼になってしまいます。

それに、家にいればずっと寝間着で過ごせますけど、外へ出れば二百メートル歩いて来るだけだって、何人かとすれ違うでしょう。あんまりひどい恰好して歩くわけにいかないと思うと、着替えるのも億劫です。

億劫が平気になって、自分を甘やかして、だらしなく緩んで……。怠けん坊というのか、自分を規制する力がなくなりました。「明日こそ朝六時に起きましょう」と思って目覚ましをかけても、普段使っている補聴器を寝る前に外しますから、鳴ったって聞こえやしません。でも、それも言い訳ですね。そんなこんなで、思い通りに一日を過ごせないのが癪に障ります。

　ミュージカル『ラ・マンチャの男』に出演した三十代の頃などは、雨が降ろうと風が吹こうと、仕事へ行く前に家の周りを駆けて、身体を鍛えていました。アルドンサの役を演じるには体力が勝負だとわかっていたし、強い意志がありました。なのに、いまはフニャフニャ。

　それでも身体を鍛えるトレーニングは週に一回二時間、自宅で続けています。自分からジムへ出かけるのだと、「今日はちょっと天気が悪い」とか、理由をつけてサボれるでしょう。しかし家へ来られてしまえばやるしかないので、パーソナルトレーナーの伊藤幸太郎さんに来てもらっているのです。

「おはよう」と挨拶すると「嫌な顔してますね」と言われるから、「疲れてるの」と答えます。それなら少し手を抜いてやろうかと思ってくれることを、狙っているわけです。ところが容赦してもらえません。横になって足をガーッと上げさせられて、「痛い〜」「やったわね！」とコータローさんに向かって悪口雑言。ようやく「はい、あとはマッサージ」と言われて、「はぁ〜、やった！」と終わる。このマッサージが気持ちよくてね。最後に楽しみが待っているわけです。

いつも始める前は嫌だなぁと思うのが、汗びっしょりになって終わったあとは「ああ、やってよかった」に変わります。運動して汗をかいたあとの爽やかさと、自分の怠け心を乗り越えた達成感。やっぱり人間は身体を動かさなきゃ駄目だと、如実にわかります。身体を動かさないと、頭も動きませんからね。

頑張りすぎて倒れたらおしまいだと思って制御するのですが、自分を守ろうとするその気持ちが、また嫌で。やりたいこと、やっちゃいけないことのギリギリの線を、年相応に探しながら生きている感じです。「右往左往するのが老いなんだな」と、受け入れなくてはなりません。

**「そろそろ書き始めても……」**

毎年誕生日は、数人の親しい方を家にお招きして楽しい時を過ごすことが多いのですが、八十歳のときは『ロスト・イン・ヨンカーズ』の公演中でした。カーテンコールで、上演台本と演出の三谷幸喜さんが、ろうそくを立てたケーキを持って舞台に出ていらっしゃいました。私の手を取って、お客さまと一緒に祝ってくださったのです。大道具さんからは、私の名前入りのディレクターズチェアもいただきました。

あれは三年くらい前でしたか、三谷さんにお願いしたんです。「私が引退するときの舞台は、あなた書いて下さいね」「え？　僕が？　わぁ、責任重大だな」というお返事でした。三谷さん作の来年の大河ドラマ『鎌倉殿の13人』に、私も出演しています。撮影でお会いしたとき「引退の舞台は、まだ書かなくて大丈夫よ」と言っておいて、しばらくしてから「そろそろ書き始めてもいいですよ」とメールを入れてみたら、返信がありません。「どこか身体が悪いのか」って、ぞっとしていらっしゃるんじゃないかしらね。たまには人を脅かして、人生を面白がることも必要ですよね。

# 黙って見てられない

ガシャーン！　表で大きな音が聞こえると、「あ、またやったな」。大きなタオルを手にして、私は押っ取り刀で出て行きます。十年くらい前まで、我が家の左にある四つ角は、交通事故が多かったのです。

緩い坂になっていて、上って来る車はエンジンを吹かしています。向こうに目黒通りの信号が見えるので、手前の四つ角には気が付きにくいようです。そこへ横の道から自動車や自転車が来ると、出会い頭にガシャーン！

なぜタオル？　だって頭をぶつけたりして、血が出ているでしょう。とりあえず「大丈夫？」と声をかけて、傷口にタオルを当ててあげます。消毒や止血は、病院に行ってやってもらえばいいんですからね。

若い男の子がバイクでぶつかったときなどは、ショックでぼーっとして座り込んでいるところへ「はい」ってタオルを渡しながら「なんでこんなことしたの！」と怒鳴りつけます。

「こっちから来る車が見えなかったの？　一時停止したの？」

そりゃかわいそうだと思いますよ、知らない年寄りからいきなり怒鳴りつけられて。けれども、

「あなた、いま死んでたかもしれないわよ！　どんなに親が悲しむか、わかってるの！」

と、親の代わりに怒るわけです。

まぁそれくらい、そこの四つ角は事故が多かったのです。なんとかなくしたいと思って、世田谷区役所へ相談に行きました。道路を担当する部署の人と一緒に、どうして事故が多いのか調べました。すると、カーブミラーはあるのに、角の家の植木ばかり映っていて、横から来る車がよく見えないことがわかりました。

「鏡の向きを直すとか、一時停止の標識を大きくするとか、道にペンキを塗るとか、できるでしょう」と言うと、区役所の方は「そんなにいろいろやらなくても……」

とかなんとかおっしゃいます。こっちの身にもなってもらいたい。いちいちタオル

を持って、出て行かなきゃならないんですからね。

結局、カーブミラーの位置を変えて、交差点に近い路面に赤いペンキを塗ってもらいました。紙やすりみたいに見えて、自然とスピードが落ちるようになっています。

「あのペンキ、草笛さんが塗ったんでしょ?」なんて言われますけど、私が刷毛を持って塗ったわけじゃありません。そこを通るとき、誰もが気をつけてくれればいいのです。

近所を歩いていて引ったくりに遭ったのも、十年くらい前の話です。大晦日でした。左手にワインの小さなボトルを下げて、右手にハンドバッグを持って、道の左側を歩いていたら、後ろからダッダッダとバイクが近寄って来ました。知り合いが「草笛さん、お買い物?」って声をかけてくるのかと思ったら、パッとハンドバッグを盗られたのです。

「待て……この野郎!」と追いかけましたけれど、もちろん追いつけません。ナンバーも読み取れません。「よしっ」と思って、後ろ姿だけ目に焼き付けました。顔はヘルメットで見えませんが、年の頃は四十から五十の間、ちょっと幅広の男。
すぐそばの美容院に入って電話を借りて、警察署に通報しました。パトカーと自転車のお巡りさんが音もなくやって来て、事情を訊かれ、いろいろ注意も受けました。バッグは歩道側に持つことや、後ろからバイクの音がしたら、必ず振り向いてその人を見ること。「目をしっかり見られたら、盗めなくなるものですよ」と言われて勉強になりました。それと「引ったくりのバイクは、後ろのナンバープレートをひっくり返して、読めないようにしてあることが多い」と教えてもらいました。
盗られたハンドバッグは、環八沿いのファミリーレストランの自転車置き場に捨ててあるのが見つかりましたが、中身のお金と指輪は抜かれていました。

**「何かしましたか?」**

それから毎日、私は例のバイクを探しに歩き回りました。ダッダッダッダと走って来れば目を凝らして、「あの男は痩せてるから違うな」。ナンバーを控えるための帳面を片手に、駅前やスーパーの駐輪場を歩いて、後ろのプレートがひっくり返せるようになっているバイクを一台一台調べました。そんなことしているほうが怪しいと笑われましたけど、すべて世のため人のためです。

するとある日、警察から電話がありました。「草笛さん、何かしましたか」と訊くので「どういうことでしょう」と訊き返したら、

「おばあさんが引ったくりに遭って、引きずられて亡くなったり大怪我をする事件が続いていたのが、パタッと被害が止まったんです」

「私、何もしませんよ」と電話を切ってから、はたと思い当たったことがあります。その頃、我が家には犬がいたので、近所に犬友達の奥さんがたくさんいました。散歩で顔を合わせた十人くらいに、

「引ったくりにやられたの。みなさんも気を付けて。ダッダダッダってバイクの音がしたら、必ず振り返って相手の目を見るのよ。盗られたくない物は、歩道側に持つのよ」

と伝えて、ついでに、

「私、絶対に捕まえる。ただじゃおかない。殺してやるから」

と言い触らしていたのです。

そうしたら、ピタッと犯行が止まったらしい。ウワサが広まって、犯人の耳に入ったのかな。捕まえることはできませんでしたけど、そんなふうに私は執念深いのです。刑事の役が来ないかしらと待っているのですが、刑事は殺してやると言いませんね。昔テレビで演じた「必殺シリーズ」の元締めにならなければいけません。

近頃ご近所では、事故も事件も減ったみたいです。地域を守る、なんていう大それた考えはありません。自分の家の近くで人がケガしたり、犯罪が多かったら嫌でしょう。黙って見てられませんもの。

# お嫁に行けない

岸惠子さんや佐久間良子さんといった同世代の女優さんに会うと、「古きよき時代は、もう私たちで終わりね」と愚痴をこぼし合います。昭和の頃と違って、映画の宣伝に役者が駆け回るのは当たり前になりました。私も出演した映画『老後の資金がありません！』の公開が間近になって、このところ新聞や雑誌の取材、プロモーションで忙しい毎日です。

特に女性雑誌だと、女としての生き方や日頃のたしなみについて、あれこれ訊かれます。どんな物を食べて、どんな体操をしているか。ちゃんと自分の足で歩いているか。そもそも私は綺麗で近寄りがたい女優じゃありませんから、サービス精神が旺盛すぎるのか、つい喜ばれそうな話をしてしまいます。いい気になって何時間もおしゃべりして、疲れてしまうのです。

思い返せば、このコメディ映画の出演交渉を受けたとき、前田哲監督にこう言われました。

「役作りはしないでください。何もしなくても、草笛さんはじゅうぶん可笑しいですから」

ショックでした。自分では少しは二枚目かなと思ってきたのに、私ってそんなに可笑しいのでしょうか。一昨年（令和元年）には、その年を明るくした話題の人が選ばれるという「ゆうもあ大賞」も頂きましたけど、可笑しいことをやってきたつもりがありません。普通にしているのに可笑しいと言われ、びっくりしてしまいました。

役作りするなというのも、難しい注文です。かえって、「監督はどんなふうに私をお料理してくださるの？　お手合わせしてみようかしら」という気持ちになりました。

だって、同じような役しかできないと思われたくはないじゃありませんか。「エーッ、あの人がこんな役をやったの？」と驚かせる女優にもなりたいのです。全然違う私が現れるか、空振りに終わるか。二つに一つでしたけど、「良くても悪くても監督のせい。よし、やっちゃおう」と、チャレンジすることを決めました。

一緒に出た方々がみなさん個性的で、どなたを見ても面白い。いい役者さんと仕事ができるのは、いつも嬉しいことです。これだけの方が集まっているなら、私は本当に何もしなくていいやと割り切ることができました。

主演は天海祐希さん。私の嫁。その夫で私の息子が松重豊さんで、その妹が若村麻由美さんです。あれは撮影が終わった昨年の春、天海さんと若村さんと三人で、行きつけの焼肉屋さんで食事することにしました。ところがコロナが急速に広がり始めたので、外食はやめて、我が家へお招きしました。二人は食べ物や飲み物をお土産にいらっしゃって、わいわい楽しく食べて飲みました。

その直後に一回目の緊急事態宣言が出ましたから、「最後の晩餐かもね」と言ったものです。感染拡大で、昨年秋の予定だったこの映画の公開は、一年延びました。いまようやく、日の目を見ることになったわけです。

## 歌と眉と歯と

天海さんが演じるのは、五十三歳の節約好きの主婦です。パートはリストラに遭って、夫が勤める会社は倒産。舅の葬式の喪主を押し付けられたり、新川優愛さん演じるフリーターの娘が派手婚を企てたりで、老後用に貯めていたお金は減るばかり、というストーリーです。

入居している老人ホーム代の支払いを止めるために同居する、浪費家の姑が私。そのまま演じればいいと言われたので、楽しくやらせていただきました。なのですが、芸能生活七十年で百本以上の映画に出てきた中で、仕上がりを観るのがこれほど怖かった作品は初めてです。

まず、ずっと封印していた歌を歌いました。監督は、元宝塚の天海さんと元松竹歌劇団の私を、一緒に歌わせたかったのかもしれません。

やったことのないメイクも経験しました。年金詐欺の片棒を担ぐため、行方不明になったおじいちゃんになりすます場面があって、そのおじいちゃんというのが毒蝮三太夫さんなのです。私は舞台でも映画でも自分でメイクをしていますが、毒蝮さんに似せた顔を作るのは難しかった。特にゲジゲジの眉はメイクさんに作ってもらいました。

役に合わせた顔を作るとき、最もこだわるのが眉です。顔のパーツの中で眉の面積は小さいですが、人に与える印象はとても大きい。古風な女性を演じるときは、細めにして眉尻を下げ気味に描きます。気の強い女性の役なら、眉山をはっきりキリリと。女性のキャラクターは、髪と眉で決まると思っています。

それほど大事な眉ですから、鏡を見て「ウワッ！　これは」と衝撃を受けました。でも「扮装するのは嫌いじゃないし、お客さまを楽しませるためならば」と自分を納得させせました。

しかもそのシーンを撮影するとき、なぜか前歯の差し歯がポロッと抜け落ちてしまったのです。「早く、糊買ってきて」と慌てる私に、監督は「そのまま撮らせてください」と言います。起こるはずのないことが起こって、その顔でニッコリ笑ったアップまで撮られました。八十を超えたって女ですからね、そりゃ抵抗がありましたよ。

けれども何か知らないうちに、どこからか「やれ」と命じられた気がしたのです。

「監督が『そのまま撮りたい』と言ってるんだから、撮らせてあげなさい!」って。

そんなふうに、人様にお見せできないようなメイクに歯が抜けた気の毒な顔を撮られて、すべてをさらけ出した映画です。遊び心といえばその通りですが、少しは貢献できたでしょうか。コロナで暗い話題ばかりですから、ご覧になったみなさんにわずかでも楽しい気持ちになっていただけたら、嬉しく思います(涙)。

私のキャラクターがこれから変わってしまいそうです。「エーッ、こんな役をやったの?」と驚いていただけるかもしれませんが、もうお嫁に行けません。

# 老後の資金はすっからかん

いま公開中の映画『老後の資金がありません！』の出演依頼をいただいたとき、「まぁ、私のことだわ」と思いました。自分のお金を公演につぎ込んで貯金通帳をすっからかんの空っぽにしたことが、私には二度あります。

一度目は昭和三十八年、『コンサート型式によるミュージカルの夕べ』を主催したときです。三島由紀夫さんが監修。黛敏郎さんが音楽監督で、指揮は石丸寛さん。まだ馴染みのうすいブロードウェイ・ミュージカルのナンバーを紹介するプログラムでした。

スポンサーなしだったので、出演者や会場との交渉も、私の事務所がやりました。フランキー堺さんや、若者に大人気だったツイスト歌手の藤木孝さん、クラシックの立川澄人さんや中村邦子さんが出てくださることになりました。

会場は、東京都が上野に建てたばかりの東京文化会館を使いたかったのですが、オペラやバレエ、クラシックのコンサートにしか貸してくれません。私たちのようなポピュラーは「駄目です」と言われました。そうなると「よーし、実現させてみせる」と燃えるのが私。

「どうしてもやりたいんです」

と、何度も何度も通って交渉しました。担当の方が共演者を訊くので「フランキー堺さん」と言ったら、「ああ『駅前飯店』の方ですね」。

森繁久彌さん、伴淳三郎さん、フランキー堺さんの「駅前シリーズ」は、二十作以上作られた当時の大ヒット映画です。高尚なクラシックから大衆喜劇を見下すような言い方だったので、ムカッと来ました。

「私は『社長シリーズ』ですけど」

と言ってやろうかと思いましたけど、グッと堪(こら)えました。森繁さん、フランキーさん、三木のり平さんたちの「社長シリーズ」も三十作以上続いた人気喜劇映画で、そちらには私も出ていたからです。

なんとか借りる許可をもらって、昼は練習。夜は神田駿河台の山の上ホテルに泊まり込んで、切符のスタンプ押し。販売も自分たちでやりました。

第一部は『ショウ・ボート』の曲をコンサート形式で。第二部は、フランキーさんと私がニューヨークに来ている日本の男女でホテルの隣同士の部屋にいる設定。『マイ・フェア・レディ』などいろいろなミュージカルについてバンバン言葉でやりあいながら、歌になっていく。第三部は『ウエスト・サイド・ストーリー』の歌とダンスという構成でした。

『ウエスト・サイド・ストーリー』は、黛さんがどうしてもやりたいとおっしゃったから権利は買ったものの、日本ではまだ上演されていなかったので、譜面がありません。やむなく、レコードを聴きながら譜面に起こす大変な作業をしました。

さらに黛さんはバンドを三つも入れたいと提案され、私は「いいわよ」と二つ返事でOKしました。大勢すぎてオーケストラピットに入りきらず、ぶつからないように斜めになって演奏していました。

私はまだ二十九歳の若い女優でしたけど、年上の腕のあるみなさんが面白がって集まってくださったのがありがたかったのです。

## 女優が残すのは……

ここでケチったら女がすたると意気込んだ結果、費用はどんどん膨らみました。何日も公演したかったのですが、文化会館は一日しか借りられませんでした。スポンサーがいないので、すべて持ち出し。大損してスッテンテンになりました。

マネージャーをしていた母に「貯金なくなっちゃった」と言ったら、「いいじゃないの。何とか食べていけりゃいいんだから」。

肝の据わった母だったので助かりました。でもフランキーさんには、うんと怒られました。

「こんな大きな小屋を借りて、これだけ一流の出演者やスタッフを入れて、全部自分で払う人いないよ。バカだよ。もう二度と、こんなことするんじゃないよ」

その直後、我が家の近くで手頃な土地が売りに出て、買わないかと勧められたのですが、諦めるしかありませんでした。

二度目のお財布すっからかんは、昭和五十六年。渋谷のパルコ西武劇場で上演した『光の彼方に　ＯＮＬＹ　ＯＮＥ』というミュージカルのときです。作曲は加古隆さんで、作詞は岩谷時子さん。衣装デザイナーのワダエミさんに、プロデューサーをお願いしました。

赤、青、緑のレーザー光線を相手に、老妖精役の私だけが歌って踊る一人芝居です。四十代になった私はテレビドラマのお母さん役などで安定した仕事をこなしていましたが、また新しい挑戦をして爆発したくなったのです。十回もの衣装替えを挟みながら一時間二十分。八日間に十回の公演で、文化庁の芸術祭優秀賞をいただきました。

このときもスポンサーなしの持ち出しだったので、借金まで抱えてしまいました。そこへまた近所の土地が売りに出て、声をかけていただいたのですが、手が出ませんでした。

いまになってみれば、どっちの舞台もやってよかったし、あの頃の情熱が年を取るにつれて薄れることを怖いと感じます。ご一緒した方たちの多くは亡くなってしまいましたけれど、訊いてみたい。

「私は八十八歳になっちゃったけど、八十八の舞台をいまでも一緒に作ってくれる？」

「やろうよ。俺たちも頑張るから」

きっとそう答えてくださるでしょう。あのくらいの仕事を、もう一回やりたい。女優はお金を残しても仕方ない。作品こそが大切です。

とは言え、あの二か所の土地を買っておいて、値段が上がってから売ったり貸したりすれば、いまごろ左団扇（ひだりうちわ）だったかも。その場所を通るたび、横目で見ながらつぶやくのです。

「買えなかったこっちの土地は文化会館。買えなかったあっちの土地はパルコ劇場」

# 兼高さんと世界の旅

衆議院選挙のテレビを見ていたら、一昨年（平成三十一年）亡くなった兼高かおるさんのことを思い出しました。夜中に長電話をしては、よく政治の話をしていたからです。

長寿番組だった『兼高かおる世界の旅』を覚えていらっしゃる方は多いと思います。海外旅行が夢だった時代に、いろいろな国の風俗や文化を紹介して、外国への憧れをかきたててくれました。取材に訪れた国は、百五十か国に及んだそうです。

昭和三十四年から平成二年まで続いた、日曜朝の名物番組でした。兼高さんは三十一歳のときから三十一年間、半年は海外取材に出かけ、残りの半年は撮ってきた映像を編集してナレーションを入れる、という生活を続けたわけです。

当初のスポンサーは、パンナム（パンアメリカン航空）でした。これも古い話ですが、お相撲の千秋楽で「ヒョー・ショー・ジョー」と独特の日本語で表彰状を読み上げるアメリカ人がいました。パンナムの極東地区広報担当支配人だった、デビッド・ジョーンズさんという方です。私はこの方の紹介で、兼高さんとお知り合いになりました。

兼高さんの代役として、『世界の旅』に出演したこともあります。ローマにいた彼女が、椎間板ヘルニアで寝込んでしまったのです。たまたまパリにいた私は「動けないから、あなた悪いけどやって頂戴」と連絡を受けて、飛んで行きました。

あの番組はスタッフが少なくて、確かカメラマンとライティングの方だけ。私も自分が映らないときは、レフ板を持ってカメラマンのお手伝いをしました。兼高さんは出演するだけでなく、プロデューサー、ディレクター、コーディネーターまでこなしていました。自分で取材の段取りをつけて、国家元首のアポイントまで取っていたのです。

私が一緒のときにも、「ちょっと待ってて」「どこ行くの?・」「市長に会ってくる」と言うと、サンダル履きでタッタカタッタカ駆けて行って、「大丈夫、OK!」と撮影の許可を取ってきたことがありました。

中近東の某国へ一緒に行くことになったとき。東京を発つ前に、兼高さんから言われました。

「スラックスを一本持って行って」

王様に謁見するスケジュールが入っていたのですが、着物を着る予定でした。理由を訊くと、

「王様に会ってお話を終えて帰るとき、『ちょっと』と呼び止められたら、すぐ逃げるのよ」

「え？　逃げる？」

「そう。走って逃げるから、着物の下にスラックスを穿いておくの」

まじめな顔で言うのです。

「捕まったら、どうなるかわからないから。着物の裾を端折って走るんだけど、塀を跨いだりするとき引っかかってびりっと破れたら大変だから、丈夫な生地で作っておいて」

海外ではいろいろな経験をしている人の話ですから、真に受けるほかありません。

慌てて紳士服のお店へ行って、仕立てて持って行きました。結局、何かの都合で、そのロケは中止になりました。あの話は本当だったのか、私を脅かすための大がかりな作り話だったのか。いまとなっては、確かめようがありません。

ちょっとだけ、経験してみたかった気持ちもありますけどね。謁見を終えて「ごめんください。さようなら」「ちょいと、行くわよ！」と声をかけて、二人で走り出す。映画のシーンみたいでしょう。逃げきれないで捕まったら、ハーレムに入れられてしまうのかしら。そしたら今頃、お妃様になっていたかも……。そっちのほうがよかったかな？

## 素敵ボーイ

「バレンシアの火祭りを取材しに行くから、いらっしゃい」と誘われて、スペインへ行ったこともあります。ベッドが二台あるだけの民宿に二人で泊まって、台所を借りてご飯を炊いて、市場で買った野菜と、三木のり平さんがコマーシャルしていた海苔の佃煮だけで食べました。

「どういう恰好をしたらいいかわからない」と言うので、私が一人で街へ出て、現地の女性たちを観察しました。それを真似て、頭の両側で髪をドーナツみたいに結って、櫛（くし）を挿してレースをかぶせました。

そして私のメイク道具でお化粧をして、「はい出来た。いってらっしゃい」と撮影に送り出しました。兼高さんはお顔の彫りが深くてお綺麗なので、普段は口紅くらいですませていました。だからお化粧のできない人で、一緒にいるときは私がやってさしあげたのです。

東京でもお付き合いは続き、東北の温泉宿へ行って一緒にお風呂に入って飲んで食べて、という旅もしました。お年は彼女が五歳上ですが、気さくなので、話していて楽でした。

彼女はずっと独身でしたから、

「ニースへ行きましょう。知人の経営する日本料理店に、お金持ちでヒマなおじ様がたくさん来るんですって。お近づきになるのはどう?」

とお誘いを受けたりもしました。実際、兼高さんの周りには、素敵な男性が何人

もいました。脚を痛めた彼女が椅子から立ち上がるとき、さっと手を差し伸べる様子を見て、「いいわね」と言うと、

「転ばないように手を繋いでくれるの。ステッキがいらないのよ。だから名付けて素敵ボーイ」

女性の外出のお伴をする若い男性を、英語で「ステッキボーイ」と言うのですね。九十歳で亡くなる前は、高級老人ホームに入っていましたけど、小さな部屋でね。自分のためにお金を使うのが嫌いで、「兼高かおる基金」という財団を作って、看護師さんの卵に奨学金を出していました。

ある夜の長電話で、「自分が死んだあと」の話になりました。何事にもきちんとしている彼女は、毎年最初の海外取材の前に、遺言状を書き直していました。私にも書くように勧め、「遺言状の書き方」という本のコピーを下さいましたが……私にはまだ早いかな。

# 抜き足、差し足……

近頃やたら眠いのです。朝が起きられなくて、二度寝、三度寝。四度寝すると、もう夕方です。五度寝したら、そのままあの世へ行っちゃうんじゃないかと思うくらい、眠い。

夜になると目がパッチリ冴えて、考え事をしたり新聞を読んだり、コトコト片付けものを始めたり。すっかり夜の女です。学校の試験の前の晩みたいで変ですけれど、私にとって大事な時間でもあります。

それにテレビをつけると、夜中はいい番組をやっています。素晴らしい星空や自然の景色だけを流す番組です。「行きたいなぁ。船の長旅は、もうできないかしら。あの雪山に登りたいけど、無理かな」なんて考えながら、ぼんやり観ていられるのがありがたい。人間が出てこないから、煩わしくないんですよ。

そうやっていると、ついつい寝付くのが二時三時、ひどいときは四時になってしまいます。そして、パーソナルトレーナーのコータローさんに叱られます。

「夜遅くて寝が足りないから、疲れが取れないんです。早く寝ること」

うつらうつらと夢ばかり見る浅い眠りではなく、短くても良い眠りをするにはどうしたらいいか。昼間よく歩いたりして、適度に疲れておくことです。

夜十時から午前二時までが、寝るのに一番適した時間帯だそうです。そこで眠る時刻から逆算して、朝は何時に起きて、太陽光線を浴びながら運動して、お風呂に入って、晩ご飯を食べて――と、身体のリズムに合わせた生活の仕方があるわけです。つまり昼間の生活は、夜よく寝るためにある。と言われても、さぁ実践するのが難しい。

お医者様に聞いたところ、お風呂は晩ご飯の前に入っておくのがベストだそうです。身体を冷やすと病気になりやすいから、病気を寄せ付けないためにも温めたほうがいい。だから夕方になると、「そうだ、今日は時間があるから、先にお風呂に入っておこう」と思うのですが、いつも夜中になってしまいます。

好きなテレビを見ていると、眠気も感じません。その一方、「早く寝なさい、早く寝なさい。明日が大変よ」と自分を責めます。寝ることに神経を使いすぎて、何かと戦っているみたいで、よけいに疲れてしまいます。「老いは億劫との戦い」と言いましたけれど、寝ることはまた別の戦いですよ。

夜中まで起きていると、お腹も空きます。そこで昼間のうちに、食べる物を部屋に隠しておきます。一人住まいなのになぜ隠すのかというと、お手伝いさんに見られてしまうのが困るからです。パンやお菓子の袋は大きいから、隠すのが難しい。柿の種が美味しいので、こっそり買っておくのです。

それでも足りないと、「下のキッチンにパンが残ってたな」と思いついて、取りに行きます。夜中に食べるとお腹が出ちゃうし、またコータローさんに怒られる。でも見てないからいいいや、ってね。

## 「救急車を呼んでください」

私の部屋は三階にあって、二階にはお手伝いさんが交代で泊まり込んでくれています。というのは、お世話になった舞台美術家の朝倉摂先生からアドバイスされたのです。

「夜、家に一人でいちゃダメよ。何かあったとき、すごく困るから」

急に具合が悪くなって、電話もかけられなかったらどうする？　というわけです。

その通りだと思って、番兵にいてもらうことにしました。おかげで夜中も、安らかに過ごせるようになったのです。

ところが、逆の出来事がありました。ある夜、お手伝いさんの体調が悪くなってしまったのです。「すみません、救急車を呼んでください」と、とても苦しそうでした。私は慌ててしまって「救急車は一一〇番？　一一九番？　どっちだっけ？」と一瞬わからなくなったほど。

電話をかけて待っていたら、ピーポーなど鳴らさず、すーっと二台やって来ました。救急車と、はしごを乗せた真っ赤な消防車です。電話では住所を訊かれただけで、家から煙も出ていないのに。あとで聞くと、マンションの高い階などに病人がいて自分で鍵を開けられない場合、はしごを伝って窓から入るのだそうです。なので我が家にも、白い車と赤い車が揃って来たわけ。そのお手伝いさんは狭心症の発作で、大事にならずに済んだので幸いでした。

お手伝いさんたちは、毎晩十時か十一時には寝てしまいます。したがって夜中の私は、密かに行動しなければいけません。

階段の電気を点けたら起こしてしまうかもしれないので、三階の部屋の灯りを頼りに、手すりに摑まって下りて行きます。音を立てないようにスリッパは履かず、一番上の段の角で足の裏をマッサージしながら階下の様子を窺って、寝てるなとわかったら、抜き足、差し足、忍び足。目を覚まして泥棒だと思われると困りますから、大変なスリルです。

食べ物も、開けるときや食べるときに音のしないのを選びます。甘い物だと太っちゃうし、お腹がもたれるほどたくさんは食べません。温かいお白湯を一緒に飲むと、わりとよく寝付くことができます。

この冒険で一番難しいのは、最後の瞬間。戦利品を手に部屋へ戻ってドアを閉めるとき、カチッという音をさせないことです。ところが、音を立てないコツがあるのです。まったくねぇ、自分の家なのに何をやってるんだか。でも「あ、こっそり食べたな」と思われるのが、みっともなくて嫌なのよ。八十八歳が暗い中そうっと下りてきて盗み食いしている姿を、想像されたくないのです。

私には、お手伝いさんたちにバレてない自信がありました。ところが苦労と努力の甲斐もなく、お菓子袋が開いてるとか中身が減ってるせいで、とうにバレていたらしい……。

楽しくはないけれど、そんなことでちょっとでも面白がらなきゃね。そこよ、人生は。

# 最後のお化粧

令和三年十一月に亡くなった衣装デザイナーのワダエミさんとは、長いお付き合いでした。年は彼女が四つ下ですが、友だちでもあり、私の生き方や仕事ぶりを遠くから見てくれるブレーンのような存在でもありました。

長く闘病されていましたから、なんとしても力になりたいと思って、一日おきくらいに電話をかけていました。「おはよう。食べた?」が朝の合言葉。「食べた」「何食べた?」「スープ」「それはよかった。でも、もっと食べたほうがいいわね」と励ましました。生きてもらうためには希望が大切だと考えて、仕事の話もしました。

実は来年、ある舞台の計画を立てていたんです。知り合って四十年以上なのに、彼女のデザインした服を着たことがありません。ですから一緒にやらない? と誘っていたんです。まだまだ意欲があったし、世のため人のためになる仕事をもっと残したいと考えていたはずです。でも亡くなる二、三日前の電話で、こう言われました。

「私、痩せちゃって、着るものが重くてしょうがないんだけど、軽い服ないかしら」

着るものが重いってどんな感覚か、うまく想像できません。よほど体力がなくなってしまったのでしょう。

亡くなったという連絡をいただいて、ご自宅へ飛んで行きました。

「辛かったでしょうけど、やっと病気から逃れて楽になったね」

そう声をかけて、最後のお化粧をして差し上げました。

私は、お世話になった何人かの女性に、死化粧をさせて頂いたことがあります。

その一人が、女優の高峰三枝子さんです。

大らかな方でね、市川崑監督の「金田一耕助シリーズ」第一作の『犬神家の一族』に、姉妹役で出たときです。ロケ先の田舎のお家で並んでお化粧していたら、とても大きなダイヤモンドの指輪がコロッと置いてありました。

「これ高峰さんのですか?」「そうよ」「ちょっと、嫌ですよ。こんなところに転がしておいて、盗られたら大変でしょう」「平気よ。盗難保険に入ってるから、なくなっても大丈夫なの」

と言って、平気で鏡に向かっているのです。そして頼まれました。

「あなた、お化粧が上手いから、私が帝劇へ出るときお化粧しに来てね」

「わかりました。行かせて頂きます」

けれども、約束を実現する機会は訪れませんでした。あれは、一人芝居の公演で回っていた旅先の駅でのことでした。電光掲示板に、高峰三枝子さんが亡くなったというニュースが流れていたのです。

「ああ、亡くなっちゃった。そうだ、お化粧を頼まれてたんだ」と思いついて、大急ぎで家に帰ってから、化粧箱を手に三枝子さんのお家へ行きました。

**明るく、華やかに**

「ごめんください。私、お化粧してねってご存命の頃に頼まれていたので、今日果たさせて頂きたいんです」

ご遺族にお願いしたら、「どうぞやってください」と許してくださいました。

三枝子さんは長患いではなかったので、やつれていなくて、お鼻がぴゅっと高くて、肌にしわひとつありませんでした。頬紅を差して、ピンクの口紅を引いて、眉を描いて。お化粧したお顔は、本当に素敵でした。「楊貴妃って、こういう顔をしていたんだろうな」と思ったくらい。

舞台美術の朝倉摂先生も色が白いので、ピンクや紫が合いました。みんなに「誰がお化粧したの？　綺麗なお顔ね」って褒められましたよ。踊りの吾妻徳穂先生もお顔が真っ白で綺麗だし、兼高かおるさんも彫りが深くて美人ですから、薄化粧でじゅうぶんでした。

葬儀屋さんには死化粧を専門にする方がいらっしゃいますけど、どうしても地味なお顔を作りがちです。以前、ある大女優が亡くなってお別れに伺ったとき、「このお顔は女優のお化粧じゃないな」と残念に感じたことがあったのです。

というのは、いろいろな方がいらっしゃって、お棺の中をご覧になって、お別れをするわけでしょう。最後に綺麗な印象が留められるように、ご存命の頃に近いようにして差し上げたい。「あら、まだ息をしてらっしゃるんじゃないかな」と思われるようなお顔で、送って差し上げたいのよ。最後のご奉公というか、それが私の気持ちなのです。

もちろん、舞台化粧みたいに派手なことはしません。派手ではない華やかな顔を作ることが、私たちにはできます。頰紅を差したり、目の上にブルーをうっすら入れたり、淡い色の口紅を引くだけで、明るく華やかに見えるものなのです。

私が手を出すのは、僭越だとわかっています。ですから大急ぎでお化粧道具を持って、葬儀屋さんがいらっしゃる前に駆けつけるわけ。

舞台や映画に出るとき、私は自分で化粧をしています。ほかの人間に化けるのが、私たちの仕事です。その役と草笛光子を足した顔になったほうがいいと思っています。どなたかにやっていただくと、上手なお化粧でも役の顔がなくなってしまうような気がします。この役の顔を残しておくために、自分でやることにしているのです。

問題は、私が死んだときです。誰に相談しても、私より化粧が上手な人はいないと言うから、仕方がない。「もうすぐご臨終です」と告げられたら、自分でお化粧をしてから死ぬしかありませんね。

# 私を変えたひと言

この間、「社長シリーズ」に一緒に出ていた役者さんたちのお名前を、頭の中で書き出してみました。そして、もうほとんどどなたもいないことに気付きました。「社長シリーズ」というのは、昭和三十一年から四十五年まで、三十三本も作られた東宝の喜劇映画です。

物語の舞台になる業種はいろいろですが、役柄は変わりません。主演の森繁久彌さんが社長役。小林桂樹さんが秘書で、加東大介さんは重役。三木のり平さんが、宴会好きの営業部長。フランキー堺さんは日系人や地方の取引先に扮して、奇妙な日本語をしゃべっていました。

女性陣は、久慈あさみさんが社長夫人です。淡路恵子さん、新珠（あらたま）三千代さん、池内淳子さん、そして私がバーのマダムや芸者さんに扮して、森繁社長の浮気願望が叶いそうになると、必ず寸前に邪魔が入るという設定です。

シリーズの途中から参加した私は、キャストの中で若手のほうでした。ですから残っているのは、小林桂ちゃんの恋人役だった司葉子さんと私くらいなのです。森繁さんを筆頭に、いくらでも面白いことができる強者揃いです。堅苦しい映画でもありませんし、台本などどこかへ飛んでしまって、アドリブの応酬でした。「エッ、さっきまでなかったセリフを、本番で言うの?」と戸惑うくらい、奇抜なやり取りがパッと出てきます。

そういう自由さが面白かったたし、芸達者な方々の演技に感心している間に、先に進んでしまいます。だからNGを出すのは、しばしばカメラマンさんでした。プッと吹き出して手が震えてしまって、「すみません、NGです」となるのです。

森繁さんとは『花嫁募集中』(昭和三十一年)という松竹のミュージカル映画で、父と娘を演じました。佐田啓二さんや有馬稲子さんも出ていて、監督は野村芳太郎先生です。アメリカから帰って来る親娘役なので「ダディ」と呼んで以来、普段もそう呼んでいました。ですから、他人のような気がしません。

あるときロケ先でお風呂に入ろうとしたら、脱衣場にいた先客が、なかなかどいてくれません。森繁さんでした。「何してるの？」「ちょっと、みんながどこ行ったかと思って」「あっち行ったわよ」「ああ、そう。のり平も行ったかな」なんて言いながら、出て行きません。

「あっちに行ったわ、あっち」「え？　こっちだと思ったけど、あっち？」まだ行かないのです。「あれっ、夕飯の場所はどこかな」と違う話まで始めるので、わざとやってるなとわかります。

困った私の顔を見て、楽しんでいるわけです。そういう意地悪がまったくいやらしくないから、こちらが可笑しくなってしまいます。それに私は、森繁さんが怖くないのです、本当の父親のような方でしたから。

## 「君にあるのは……」

芸について一番よくご存じだったのは、三木のり平さんです。後年は桃屋のアニメＣＭのキャラクターの印象が強いですが、古典にも演劇にも詳しくて、森繁さんもよく「ねえ、のりさん。これはなんだい？」と尋ねていました。普段からひょうきんな方で、芝居なんだか素のままだか、すれすれなのでわかりません。フランキー堺さんはなんでもはっきりと言ってくださる方でしたし、ジャズ・ドラマーから役者になっただけに、いつも変なことをやろうとするのが可笑しい。のり平さんは、黙って出てくるだけで可笑しい。

加東大介さんは裏表のない、ストレートないい方でした。お兄さんは戦前からの大スター・四代目沢村国太郎さんで、その息子が長門裕之さんと津川雅彦さんの兄弟。お姉さんは沢村貞子さんという役者一家です。

小林桂ちゃんは、私より十歳年上です。去年（令和三年）の暮れまで『日本沈没』というテレビドラマが放送されていましたが、昭和四十八年の映画版で、日本列島が海に沈むと予測する田所博士に扮したのが、小林桂ちゃんです。その演技は好評で、翌年のドラマでも同じ役を演じていました。

そんな人たちに囲まれて、たくさんの知識を耳学問で手に入れることができました。それに加えて桂ちゃんは、とてもいいことを私に教えてくれました。あれは東宝の撮影所で、二人で何かのＣＭを撮っていたときです。休憩時間に、いきなり訊かれました。

「クリちゃん（私の本名は栗田です）、君は、どうしてここまで女優をやって来られたと思う？」

「え、どうして？」と訊き返したら、こう言われたのです。

「君はそんなに綺麗でもないし、そんなに上手くもない。あるのは人柄だけよ」

腹は立ちませんでした。それどころか、素晴らしい言葉でした。女優の素質がないと指摘されて、「本当だ。その通りだな」と思えたからです。桂ちゃんはとても鋭い方で、毒舌で鳴らしていましたから、

「僕の言葉でしゅんとなっちゃって立ち上がれなくなる人もいるから、本当のことでも、突き刺すような言葉で言えないときがある」

と気にしていらっしゃいました。

「じゃ、私には、どうして言ったの？」

「クリちゃんは大丈夫だと思った」

そう言われたら、頑張らざるをえませんよね。しかも私は、ムキになるほうです。

「ああ、自分にあるのは人柄だけか。じゃ、これからは、女優としての力をつけることだな。よし！」。腕を磨くべく、まず文学座、俳優座、民藝などの舞台を見まくることから始めました。

何十年たったいまも、あの言葉は忘れず私の耳に残っています。「桂ちゃん、ありがとう」という思いが消えません。必要なことをズバッと言ってくださる方たちに、私は恵まれたのです。

# 目と歯と耳と

健康診断や血液検査を定期的にやっていますが、悪いところは見つかりません。塩分を控えなさいとか、注意されることもありません。かかりつけのお医者さまに「近頃だるくてしょうがないのよ」と訴えても、「はいはい、なんでもないですよ」と、取り合ってもらえません。私が芝居をしていると思ってらっしゃるようです。

この前もチョコレートとお煎餅を食べすぎて「胃が痛いのよね」と言ってみたら、「いや、食べられるなら平気でしょう」と、軽くあしらわれてしまいました。実は昨日も夜中にお腹が空いて、柿の種を「ああ美味しいな」って、しみじみ食べてしまいましたけどね。

ただ、片方の目がときどき曇るのです。目の前が急に、パーッと乳白色になる感じ。もしも舞台の上でそうなったら、片目でお芝居をしなければいけません。それでセリフが滞ったりしたら困ると思ったので、眼科の専門病院へ行きました。

やったことのない検査を、いろいろ受けました。たとえば視野の検査です。機械を覗き込んで「明かりが見えたらブザーを鳴らしてください」と言われます。光の輪が視野のあちこちに出てくるので、ポンと出たらブーッ。ポンと出たらブーッ。

これは役者にとって大事な訓練だな、と思いました。私たちは舞台へ出るとき、「セリフを言っている最中に針一本落ちてきても、気が付かなければいけない」と言われたものです。それくらい、周りの景色や音のすべてに神経を研ぎ澄ませておきなさいという教えです。

機械の中の光の輪は、大きくなったり小さくなったり、隅っこに出たりします。やっているうちに面白くなっちゃってね。「私、こんなにわかるのよ」ってところを見せようと、ムキになってしまいました。小っちゃな輪が、ピョッと出たらすぐにブーッ。ピッと出たら急いでブーッ。検査技師さんに「さすがは女優ですね」と褒められたかったのです。

ほかにも何種類か検査をした結果、診断はドライアイ。加齢で眼球の張りがなくなると、眼の縁の皮膚がシワになって引っかかるのが原因という説明でした。潤しておけば気にならないと言われて、目薬を処方されて帰って来ました。

要するに、年を取ったってことです。でもお医者さまから「きれいな目ですね」と言われたのです。「羨ましいくらい」ですって。「そう言っておけば喜ぶだろう」と思われただけかもしれませんけどね。

そのあとは、歯医者さんに行きました。昨年（令和三年）公開された映画『老後の資金がありません！』の撮影中、前歯の差し歯が突然抜けてしまいました。ちょうど、毒蝮三太夫さんの身代わりに化けたシーンです。前田哲監督が「そのまま撮らせてください」とおっしゃるので、ゲジゲジ眉に前歯の抜けた顔をアップで映されてしまいました。撮影後に治したのですが、また抜けて、歯医者さんのお世話になったわけです。

## スーッと風が吹いて……

『老後の資金』では、ずっと封印していた歌を歌いました。天海祐希さんと『ラストダンスは私に』をデュエットしたのです。私は松竹歌劇団出身のミュージカル女優ですから、歌が大好きです。けれども、突発性難聴をやって以来だんだん耳が遠くなって、補聴器を使い始めた頃から歌うことを断念しました。音を楽しむのが音楽なのに、「音が苦」になってしまったからです。なので、いまさら映画で歌うのは嫌だったのですが、どうしてもと頼まれて断われませんでした。

なかなか上手く歌えないので、最後は居直って、補聴器を取ってみました。そうしたら世間の音は遠くなったのですが、機械で塞がれていた耳にスーッと風が吹きました。そのまま歌うと、一発でＯＫ。

補聴器という機械を通して入ってくる音は硬質ですから、出てくる私の声も硬くなります。ところが補聴器を外した耳には、伴奏が自然に柔らかく入ってきました。私の歌もそこへ柔らかく乗れたから、ＯＫが出たのでしょうね。

音声のスタッフさんが寄って来て「草笛さん、低音がいいですね」とひとこと言ってくれたのが、すごく嬉しかった。私は歌劇風の高音よりも、低音で歌うのが好きなのです。それだけで「この映画に出た甲斐があったわ」と思いました。

普段使っている補聴器は、ウン十万円もします。ポロッと落とそうものなら大慌て。「大変だ。ウン十万、ウン十万」とつぶやきながら探し回ります。濡らしてもいけないので、お風呂に入るときも気を遣います。外して濡れない場所に置いたら忘れてしまったり、本当に外したかなと気になって、お風呂の中で確かめてみたり。

夜寝るときは外しますが、補聴器屋さんからは「つけたままで」と言われています。私は「つけたまま寝たら、家の前を車が通っても聞こえるし、泥棒が入って来たとき目が覚めちゃうから嫌です」と言ったのですが、耳を休ませてはいけないというのが理由です。

補聴器なしで映画で歌ったことは、いろいろ考えさせられる経験でした。どこか自然で、生まれたときの耳はこんなだったのかしらと八十八歳は懐かしく感じて、涙が出そうになりました。同時に、年を取って機械の音を通さなければ歌えなくなったなんて、情けないなということも考えてしまったのです。日常会話は相手の言葉が聞き取れればいいので、補聴器や集音器を使えばじゅうぶん快適です。けれどもオーバーな言い方をすれば、女優としてこの先どうしたらいいのか……。

そんなわけで私も、元気そうに見えるかもしれませんけれど、いろいろ苦労をしているのです。本当は、目や歯や耳よりも、脳を褒められたいわね。「羨ましいくらい若くて、素晴らしい脳ですね」なんて言われてみたい。あーあ。

# 初めての日本アカデミー賞

日本アカデミー賞の優秀助演女優賞と会長功労賞を頂きました。私が賞を頂くのは舞台がほとんどで、映画では珍しいことです。優秀助演女優賞は『老後の資金がありません！』に対してですが、これは前田哲監督のおかげです。

先に決まったのは、功労賞です。「長老賞？　年寄りだから下さるのかしら」と、初めは抵抗がありました。「永年にわたり多大なる貢献と顕著な実績をしるした映画人」が対象だそうです。有難いことですが、私が映画界に貢献したでしょうか。これまで百本以上の作品に出てきましたが、自分を映画女優だと思ったことはありません。それに、映画の仕事があまり好きになれなくて、自信もない時期が長かったのです。

初めて出た映画は『純潔革命』（昭和二十八年）。川島雄三監督の青春映画です。松竹歌劇団に所属していた私は、まだ二十歳前でした。撮影は京都の太秦（うずまさ）です。一人では行かせられないという話になって、歌劇団が出ていた浅草の国際劇場の支配人が、わざわざ付き人を買って出て下さいました。

何が何やらわからないまま京都に着くと、恋人役の三橋達也さんから脅かされました。

「歌劇には男性がいないでしょ？　ここは男性が多いから、気をつけなさい。俳優だって、みんな男だから」

いったいどんなところへ来てしまったのか、怖くなったものです。

私には、年相応の女学生役などは来ませんでした。淡島千景さん主演の『女の一生』（中村登監督・昭和三十年）では、不倫相手の子を宿してしまう人妻です。最初の撮影は中絶手術を受けるシーンで、遠くから聞こえる呻(うめ)き声を出せと言われても、どうしていいのか見当もつきませんでした。

初の時代劇も同じ年で、高田浩吉さんの「伝七捕物帖シリーズ」だったと思います。二十以上も年の離れた高田さんの女房役です。歌劇では娘役だったのに、背伸びしなければ演じられない〝女〟の役ばかり。どの作品も難しくて、「やっぱり私、老け顔なのね。映画は私の居場所じゃないのかな」と感じたのです。

佐田啓二さんの恋人役になった作品では、佐田さんの目を見つめながらセリフを言ったら、監督から注意されました。

「目は伏せたままましゃべって！」

「恋人の目を見ちゃいけませんか」

「下を向いたまま、囁(ささや)くように」

そんなふうに、指示された通り右を向いたり左を向いたりするだけの映画が多かったことも、あまり好きになれない理由でした。

その点、何本も出させていただいた成瀬巳喜男監督の映画には、やりがいがありました。成瀬先生は、午前中は女優のアップを撮りません。顔がむくんでいるかもしれないからで、女優をきれいに撮ろうという気配りです。とても穏やかな方で、演技指導はいつも「自然にね、自然に」。芝居っぽく見せるなという意味ですが、意識しすぎると不自然に固くなってしまうので大変でした。

## 高峰秀子さんを平手打ち

成瀬先生の作品では、大先輩の原節子さんや高峰秀子さんとご一緒できるのも楽しみでした。原節子さんは、とても気さくな方でね。『娘・妻・母』（昭和三十五年）では、妹役の私に、お化粧のやり方を教えて下さったり、お使いになっている脂取り紙を下さったり。

『放浪記』（昭和三十七年）は、高峰秀子さんが演じた林芙美子のライバルとなる詩人の役でした。私が頬を平手打ちする場面があったのですが、ぶつフリだけ撮って後から音を入れるんだろうと思ったら、先生は「本気でひっぱたいて」。高峰さんも「いいわよ」とおっしゃいます。

リハーサルなしのぶっつけ本番。とてもいい音がして、ＯＫが出ました。でも休み時間に高峰さんは、頬に濡れタオルを当てていらっしゃいました。「わーすみません。痛かったでしょう」とお詫びしたのですが、「いいのよ」とケロリとされていました。

撮影現場の雰囲気は、監督によって違います。成瀬組は、しわぶきひとつ聞こえない静かな現場です。あるとき高峰さんが「今日は夕飯を食べたあとも撮るかしら。それとも夕飯前に終わるかしら。どっちだと思う?」と訊くので、私が「夕飯前に終わるかなあ」と答えていたら、セットの前のほうに座っていた成瀬先生が、振り向きもせずに「早く終わるよ」。高峰さんと「いやだ、聞こえちゃった」と肩をすくめ合ったのも、懐かしい思い出ですね。

映画を本当に楽しいと感じ始めたのは、市川崑監督の「金田一耕助シリーズ」(昭和五十一年〜)が始まってからです。市川先生の出演依頼はいつも、「今度またやるからね、金田一。出るね」。「出てね」でも「出る?」でもありません。

市川先生は、甘い物がお好きでした。「おはよう」と現場に入る際、お化粧道具などを詰めた私の籠をふっと覗いて行きます。どんなお菓子が入っているか、確認しているのです。お饅頭がある日は「あとで持って来てくれるな」とわかるのでしょう。大好きなタバコの合間に召し上がるのです。

役者の工夫を、上手に採り入れてくださる監督でした。「そっちがそう来るなら、こっちはこう」という演出と演技の丁々発止が楽しかった。映画での芝居の作り方や、役に自分で味をつける面白さと苦労を教えて下さいました。ドサ回りの女芸人とか砂をかぶったオバサンとか「汚い役ばかりで悪かったね」と亡くなる前に言われましたけど、役柄に縛られなかったことは幸せでした。

私の映画人生も、七十年になりました。まぁ、よく歩いてきたなと思ったら、会長功労賞を有難く頂戴してもいいかなという気になりました。今回のようなダブル受賞は、珍しいことだそうです。それなら、もうひとつくらい頂いてもよかったかしら。

# おしゃれは寒いのよ

「いつも素敵な服をお召しですね」と褒めていただいたり、「着こなしのコツを教えて」と頼まれたりすることがあります。本当は私、おしゃれではないので、困ってしまいます。

映画やドラマでは優秀なスタッフが服を用意して、馬子にも衣装のレベルに仕上げてくださいます。仕事がなければ日がな寝間着で過ごして怒られています。普段着る服にも無頓着です。流行に合わせて新しい服を買ったりもしません。

私が服を買うときのポイントは、「使える」かどうか。着回しやコーディネートの使い道が、何通りもあることが基準です。たとえばシンプルな色のスカートなら、合わせるトップスによって、エレガントにもシックにも変えられます。白いブラウスやベーシックなセーターは、絵画のキャンバスと同じ。小物や靴と組み合わせれば「この手があったのか！」と新しい発見があります。変化をつけるというか、いろいろ遊んでみるわけです。

ちょっと得したような、ささやかな喜びが、おしゃれの楽しみかもしれませんね。何十万円もするようなブランド物のワンピースやスーツは、確かにゴージャスで人目を惹きますけれど、応用する余地がないから面白くないのです。

何より、自分に似合うのはこんな色やデザインだと、決めつけてしまわないようにしています。歳相応の服を着ると、歳以上に老けて見えてしまうのではないかと用心しています。むしろ、歳を取るほど、年齢に逆らった服にチャレンジしてみたい誘惑に駆られます。

私の場合は、髪を黒く染めるのをやめてから、色使いの幅が広がりました。若い頃は渋好みで黒と茶を合わせるのが好きだったのですが、グレーヘアには鮮やかなピンクやブルーが映えるのです。以前は手を出さなかった紫や黄色なども、身につけるようになりました。髪を自然のままにしたら、気持ちも解放されて自由になったわけです。

使わなくなった時代遅れの服や小物も、捨てずに取ってあります。仕事で役に立つ場合があるからです。たとえば終戦直後を舞台にしたドラマで、「あのジャケットがぴったりじゃないかしら」と思いついて、洋服ダンスの奥から引っ張り出して持って行くと、衣装担当の方に「こういう服を探してたんですよ」と喜ばれたりします。

そこで数年前に自宅をリフォームしたとき、ひと部屋をクローゼットにしました。真ん中に立つと全体を見渡せるように、ハンガーラックを配置しました。普通は季節やアイテムごとに分けるところを、色別に並べてみました。

これが便利です。あっちが白、こっちが黒と分かれているので、服の組み合わせを考えるとき、パッパッと何枚か当ててみて、一番いいものを楽に選べます。どこに何があるか把握できるので、同じような服を買わずにもすみます。

## 役柄のように服を着る

いつもお願いしているスタイリストさんは、着こなしが難しい服を、あえて私に着せようとします。そんなときは、彼女が持ってくる服を、新しくいただいた台本の難しい役柄に置き換えています。

「これは変わった役ね。どう演じようかしら」と考えるのが楽しい。「演じたことのない役だから、ちょっと挑戦しちゃおうかな」って感じです。

女性雑誌のグラビアをやらせていただくときも、「え、これを着るの？　私、モデルじゃないのに」と戸惑うことがあります。ファッション専門のモデルさんは、背は高いしスタイルも抜群。洋服をキレイに見せるポーズも、お手の物です。

こっちは身長もスタイルもとても及びませんから、女優として、お仕着せの服をどう料理しようかと考えます。「モデルさんが思い付かない方向から挑んでやろう。髪や小物でアクセントをつけようかな」と考えると、俄然嬉しくなってきます。

女優は動くのが商売ですから、私はグラビアの撮影中も動きます。アスリートを見ればわかるように、動いている人間の身体や表情って、とても素晴らしいではないですか。

篠山紀信さんに『婦人公論』の表紙を初めて撮っていただいた際も、

「私、黙ってじっとしていると死んじゃうんです。ですからフワッと動く、その動きと動きの間を撮ってください！」

と、あの大家に向かってお願いしてしまいました。

「わかりました」と快く応じて、素晴らしい写真に仕上げてくださいました。服を着るのではなく服に着られてしまって、お行儀よく写真に納まりたくはないのです。負けず嫌いなんでしょうね。

洋服でも和服でも、美しく見せるために大切なのは姿勢です。この歳だと、どうしても前屈みになりがちですから、意識して背筋を伸ばします。自宅でバランスボールを使って体幹を鍛え、歩くときは歩幅を広くして股関節を鍛えているのも、姿勢をまっすぐ保つためです。

ファッションについては、ずっとマネージャーをしてくれた亡き母から言われて、いまも忘れられない言葉があります。松竹歌劇団にいた若い頃、横浜から東横線に乗って、浅草の国際劇場まで通っていました。冬にスカート姿だった私が、

「寒いから、こんなに膝を出すの嫌よね。風邪引かないように股引穿こうかしら」

とこぼしたら、

「光子ちゃん、おしゃれは寒いのよ。おしゃれをしようと思ったら、股引やタイツなんか穿くものじゃないのよ」

もうひとつ覚えているのが、

「一番美しいのは女性の裸よ」

これが母親の言葉かしら……とびっくりしましたが、こういうことをぴしゃりと言える女性でした。

# ミュージカルの醍醐味

スティーブン・スピルバーグ監督がリメイクした映画『ウエスト・サイド・ストーリー』で、アリアナ・デボーズさんがアカデミー賞の助演女優賞に輝きました。彼女が演じたアニタは、私にとっても思い出深い役です。

昭和三十八年に東京文化会館で、『コンサート型式によるミュージカルの夕べ』を開きました。

三部構成の一部と二部は、『ショウ・ボート』や『マイ・フェア・レディ』のナンバー。第三部が『ウエスト・サイド・ストーリー』で、歌と踊りだけを上演したのです。権利は買ったものの譜面が手に入らず、レコードを聴きながら五線譜に書き起こしたことを思い出します。

私は、ヒロインのマリアをやりたいと思っていました。たくさんある名曲の中でも、『トゥナイト』を歌いたかったからです。ところが音楽監督の黛敏郎さんは、

「あなたはアニタだ」とおっしゃいます。

監修をお願いした三島由紀夫さんに相談すると、「さあ……僕はわかんないけどさ。黛さんがそう言うなら、やってみたら」。言われた通りにすると、黛さんの目が正しかった。私に向いているのは、確かにアニタのほうでした。

この作品がブロードウェイの初演で大評判になった際、アニタを演じていた女優が、友人のチタ・リベラです。彼女とは同い年で、演じる役がよくかぶります。親しくなったきっかけは、昭和五十年頃にブロードウェイで観た『シカゴ』に圧倒されたこと。「こんなに切れる踊り手がいるのか！」と彼女のダンスに大変な感銘を受け、終演後に楽屋へお邪魔して以来の付き合いです。ニューヨークへ行けば必ず会いますし、歌と踊りを楽しめる小さなお店をチタが始めたときも、招かれてオープン初日に顔を出しました。

『シカゴ』を昭和五十八年に日本で初上演した際、私の役はチタの演じたヴェルマではなく、主役のロキシーでした。本場から招いた演出家は、踊りの最中の指先や足首の角度に至るまで、完璧な演技を求めました。私には五十代になって初のミュージカルでもあり、苦労の甲斐あってこの作品で頂いた芸術祭優秀賞は、三度頂戴した芸術祭賞の中でも、特に嬉しかったのを覚えています。

思い起こせば、私がミュージカルの楽しさを知ったのは戦争中のこと。疎開先の群馬県富岡に、『歌ふ狸御殿』（木村恵吾監督・昭和十七年）という映画が回って来たときです。あの時代にも、わずかな娯楽はあったのですね。童話の「かちかち山」がベースで、「オペレッタ喜劇」と呼ばれていました。観てはいけないと母から言われていた小学生の私は、こっそり観に行ったのでした。

作詞はサトウハチローさんで、作曲は古賀政男さん。主演は、宝塚出身の宮城千賀子さん。だいぶのちに映画で宮城さんと共演したときに、「あの映画を観て、私はミュージカルに出たいと思ったんです」と申し上げたほどです。

## 橋を架ける

念願のブロードウェイの舞台を初めて観に行ったのは、昭和三十年。日本ではまだ、「歌入りドラマ」と呼ばれていた頃です。それから毎年、自費で一週間ほどニューヨークへ渡っては、十種類くらいの公演を観て、夢見心地のまま譜面とレコードを買い込んで来るようになりました。

『ラ・マンチャの男』に出会ったときのガツーンと頭を殴られたような衝撃は、鮮明に残っています。それまで観てきた明るく楽しいラブストーリーではないし、ヒロインは安宿で働くあばずれ女。こんなミュージカルもあるのか、と驚いたのです。

ニューヨークから帰国するとすぐ、東宝の専務だった劇作家の菊田一夫先生に「どうしても日本でやりたいんです」と頼み込み、上演権を取っていただきました。昭和四十四年の初演から、私もヒロインのアルドンサ役で出演しました。あれ以来五十年以上も続いた松本白鸚（初演当時は市川染五郎）さんの『ラ・マンチャの男』も、ついにお終いだそうです。以前、白鸚さんとお食事をしたとき、

「草笛さんが最初にやりたいと言って動いてくれたから、この作品に巡り合えました」

と感謝してくださり、とてもありがたく感じました。白鸚さんとは『王様と私』でも共演しました。ほかにも、たくさんの作品に出演してきました。日本にミュー

ジカルを根付かせ、水準を上げたい一心からです。『ピピン』（昭和五十一年）の舞台稽古のとき、舞台美術の妹尾河童さんに、

「ミュージカルというのは、君みたいな人がやるものなんだね。やっとわかったよ」

　と褒めていただいたことも、忘れられません。

　ミュージカルを演じる醍醐味は、何といってもセリフから歌へ移る瞬間です。私たちの中では「橋を架ける」と言っています。セリフから、どうやって上手に橋を架けて、歌へもっていくか。それこそがミュージカル役者のやり甲斐であり、力の見せどころです。

『王様と私』だったら、アンナが王様の前で「顔のほうをみたら、そこにあなたがいたの」としゃべりながらトンテントンテンと伴奏が入ってきて、♪ラ〜ラタッタラッラッ　シャル・ウィ〜・ダンス♪と歌になっていきます。

　セリフと歌では声の出し方が違いますから、自分の中で喉と心の切り替え作業をします。しゃべり声から歌声へガタンと移るのではなく、フワーッといつの間にか

歌になっている。セリフと歌が混ざり合う得も言われぬ瞬間こそ、ミュージカルのミュージカルたる所以。お客さまを陶酔へ導く架け橋です。

歌を踊れ、踊りを歌え！

踊りを演技しろ、演技を踊れ！

歌を演技しろ、演技を歌え！

ミュージカルとは、音楽と踊りと芝居を、身体の中で結婚させることだと思います。

# 我が弟・宝田明さん

弟みたいだった宝田明さんが亡くなりました。八十七歳でした。あまりに急で「エッ、いなくなっちゃったの？」。あとは言葉になりませんでした。

先日、ご自宅へ弔問に伺いました。奥様にご挨拶をして、持って行った赤ワインを開けて、遺影の前でふたつのグラスに注いで、「飲もう」って。「あんた、先に行っちゃったのね。大丈夫。私ももうすぐ行くから、待ってて」。それだけです。

私は「おタカ」と呼び、あちらは私の本名の栗田にちなんで「クリちゃん」と呼んでくれました。年もひとつ下なだけですから、幼馴染みか、本当の姉と弟みたい。映画界のポン友でしたけど、役者同士という気はしませんでした。

気取りがなくていつも朗らかで、スラッと背が高くて。日本の役者には珍しい、西洋風のダンディーだったでしょう。どこへ行っても、艶っぽい話が出てくる人でした。共演した女優さんの誰それとか、外国の女優さんとも噂が流れました。私はそういう話を聞いても、「あ、そう」ってなもの。あまりに近すぎて、決して恋にならない仲だったのです。

思い出深いのは、昭和三十六年に二人で一か月半の旅をしたことです。東宝が南米で映画祭を開いて、ペルーのリマに支社を作ることが目的でした。あちこちで黒澤明監督などの映画を上映したあと、おタカと私が歌ったり踊ったりのショーをお見せする旅です。満州育ちのおタカは中国語はもちろん、英語もできるのでとても助かりました。

まずホノルルへ飛び、ロサンゼルスからニューヨーク。そこからサンパウロとリマへ。ニューヨークでは、二人でミュージカルを観に行きました。『マイ・フェア・レディ』のときは、時差ぼけのせいかおタカがグーグー寝てしまい、隣りの席にいたおばさんに「シッ」と叱られてしまったことを思い出します。

サンパウロの空港に着くと、客室乗務員から「たくさんの人がお迎えに来ています」とアナウンスがありました。窓から外を見たら、確かにワーッと集まっているのが見えます。

「すごいね、おタカ。この飛行機には、日本の皇族か政治家でも一緒に乗ってるのかしら」。まさか自分たちとは思えなかったのですが、降りて行ったら、私たちを見るために来てくれた人たちでした。

歩いて行くと、人垣の中からたくさんの手が伸びてきて、私が着ていた着物に触ります。みなさん、日系の移民や二世三世の方です。着物を懐かしがっていらっしゃったんですね。お婆さんたちの手は日に焼けてしわくちゃで、「ああ、苦労をされたんだろうな」と思うと、胸がいっぱいになったものです。

リマでは、あるビルの一階で二人してインタビューを受けたときに、道路に面したガラスが割れてしまって、怖い思いをしました。中の様子を覗こうと、たくさんの人が押し寄せたせいです。私たちは、片言の言葉を覚えて簡単な受け答えができるようにしたり、バンドに合わせてペルーの歌を歌うため、掌にカタカナで歌詞を書いたりもしました。

大きなパーティーに出るときは、私は着物を着てカツラをかぶり、おタカは羽織袴です。私が「はい、袴を穿いて、後ろ向いて」と言って、帯をカッと結んでやります。「着物を着たら、私の帯もやってちょうだい」「こうかい？」

そんな仲ですから、ひと月半も旅をしたって、色っぽいことなんかありゃしません。私は着物を五、六着持って行ったので荷物は多いし、疲れましたけれど、日本の代表だという思いもあって二人で頑張りました。

## 「ミスター・ミシシッピー！」

『香港の夜』（昭和三十六年）や、『ホノルル・東京・香港』（昭和三十八年・いずれも千葉泰樹監督）という映画のロケにも、一緒に行ったことがあります。あるとき出発する羽田空港に、私の夫だった作曲家の芥川也寸志さんが見送りに来てくれました。そうしたらおタカは、大きく手を振って「ミスター・ミシシッピー！　奥さん、預かりましたからね！」と叫ぶのです。なぜ「ミシシッピー」だったのか、わかりません。芥川さんの「川」から連想したのかしら。

お加減が悪くなって、三日くらいで亡くなったそうですね。長く患うのではなく、ふっといなくなってしまった。こんなお別れになるなんて。どうしても信じられません。

自分の映画を最後に遺したことも、立派です。初めてプロデューサーを務めて主演もした『世の中にたえて桜のなかりせば』という作品です。亡くなる数日前まで、取材にも応じていたそうです。

私が最後にお会いしたのは、一昨年(令和二年)の九月でした。旧郵政省が決めた「ふみの日」にちなんだ公演の企画をおタカが立てて、一緒にやりませんかというお誘いのために、我が家へいらっしゃったのです。

「誰かに宛てた手紙を募集して、選ばれた手紙を二人で朗読しながら、日本中を回りたいんだ。どう?」と言うから、「うん、いいよ」って答えました。スポンサーにはこの会社を考えているとか、「実現するために、企画書にもクリちゃんの名前を載せたい」といった具体的な計画で、「じゃ、進めてみよう」という話になりました。ところが憎きコロナのせいで、実現せずに終わってしまいました。

いま考えてみると、年を取ってから一緒に仕事をしていないのが心残りです。若い頃は、ミュージカルなど明るくて甘い舞台ばかりで共演しました。だから、七十代や八十代に入った老俳優二人にしかできない仕事を、やってみたかった。しっかりとした大人の戯曲で、大人の人生を演じられる年になった私たちが、お互いにバチバチと組み合うような、本物の芝居をやりたかった。

それが残念で、置いてきぼりになってしまったような寂しさがあります。ああ、もうちょっと生きてて欲しかったなぁ。

# パンツのゴムが伸びた日々

　脳神経外科へ行って、ＭＲＩを撮りました。頭は元からいいほうじゃありませんけれど、調べてもらおうと思ったのは、よく眠れないからです。年を取ると、深く長い眠りが取れなくなるというでしょう。ご多分に漏れずどころか、私は最たるものです。

　ぐっすり眠りたいのに寝付けないから、夜中まで新聞を読んだりテレビを観たりする癖がついています。ひどいときは、寝るのが朝方の三時か四時。なのに明るくなる時分には、目が覚めてしまう。まだ日の高いうちから、今夜はどうやって寝ようかなんて考えること自体、覚醒してしまう兆しでしょうね。

「どうしてそんな、ひどい寝方をするんですか！　人間の身体のリズムをわざわざ崩して！」

　パーソナルトレーナーのコータローさんに、いつもそうやって怒られています。

スーッと眠りに入って、スッと目覚めたい。その境目がグズグズになってしまって、近頃ボーッとしているのです。

安眠法の本は、ずいぶん読みました。世の中には睡眠で悩む人が多いようで、たくさん本が出ていて、いいことも書いてあります。なるほどと感心したのは「ベッドは、夜眠るときにしか使わない」ということ。

確かに私も、昼間に台本を読むとき「よっこいしょ」と寝そべることがあります。じきに「あら、いい気持ち」とウトウト……。「ベッドを使うのは夜だけ。そして、しっかり眠る」という意識づけと習慣づけが、大切なんですね。

寝酒は身体によくないですし、癖になるから頼りません。いつも飲んでいるのは、免疫力が高まるからと勧められたアミノ酸です。夏なら水素水に溶かして冷やし、寝る前はお湯に溶かして飲みます。

そのほか、普段飲んでいる薬などあれこれ持って行って、お医者様にお見せしたら、

「これは睡眠と関係ありませんね。こっちもまぁ、どうでもいいです」

と言われてしまいました。ＭＲＩの結果は「問題なし」。

「七年前に撮った前回に比べると、年を取っています。しかし、誰でも年を取ります。それを止めることはできません」

だそうで、お薬の処方もなし。では、眠れないのは暑くなってきたせい？　それとも自分のせい？　誰かのせいだと決めつけていいなら、コロナの野郎だなと思います。

憎きコロナが広がった頃から、「この仕事は、しばらく先へ延ばしてください」とか、「感染者が出たので、明日の撮影は中止にします」といった連絡が増えました。

「明日は休みってことは、朝からいろいろタッタカタッタカ準備しなくていいんだ。よし、身体も頭も休めよう。テレビでも観て、ゆったりしよう。一日くらい、いいや」

デレッと過ごすのが嬉しいんだか、性分に合っているんだか、いい気になって自分を甘やかすのです。だって自分を甘やかすって、気持ちいいじゃないですか。

## 「私、生き直すわ」

「月月火水木金金」は「毎日が日曜日」に変わりました。動かずに食べ過ぎて、ちょっとお腹が出てきたので「明日は絶食しよう」と思い立っても、「ご飯を少しだけ減らせばいいか」から「いや、撮影もないんだし、普通に食べてもいいかな」へと変わっていきます。睡眠のリズムを取るのが前より難しくなったのも、崩れた生活が身についてしまったせいかもしれません。

ピリッとせずにだらけた、区切りのない、曲線を描くような生活。パンツのゴムが伸びちゃったような毎日。朝から晩まで、顔は洗ったきりお化粧もしないで酷いままだし、一番いけないのは、パジャマのまま過ごすことですよ。ちょっと駅前のパン屋さんまで行こうとか、神社にお参りして来ようという楽しみや意欲を忘れて、一日が終わってしまうのです。

毎晩お仏壇にお灯明とお線香を上げて、その日の出来事を両親に報告するのですが、「今日も何もできなかった。バカみたいな一日だった」と反省ばかり。「なぜ殺然と生きられないのか」と落ち込んだり、コロナに時間を奪われて損した気持ちになって、腹を立てたり。

実は、何でもコロナのせいにするって、逃げ口上ですよ。責任を押し付けているのです。生活のリズムを壊されたところへ、自分も乗っかっている。これが一番、気持ちのよくないことです。

本当の問題はコロナではなく、年を重ねること。私はもうすぐ八十九歳。人さまからも、心配そうな気の毒そうな目で見られます。そこで一念発起、パンツのゴムを締め直すと決意しました。

「私、今日から生き直すわ」

そう宣言したら、「エッ？　その年で？」と、みんなにビックリされました。

「そう。生き直すの」

大した戦いじゃありませんけれど、何とか頑張って、ブレーキをかけなきゃいけません。重ねてきた年齢を剝がすのは無理ですから、少しでも踏みとどまって、以前の日常を取り戻すために戦います。朝は起きたらすぐパジャマから着替えようとか、ベッドで横になって台本を読むと寝ちゃうから、縦になって読もうとかね。

そんな決意に至った自分が不思議でもあり、ちょっと偉いわねと思ってもいます。

コロナはこのところ、感染者が減っているようです。ようやく落ち着いてきたのかもしれませんが、目に見えないのに信用していいのかしら。もう名前さえ覚えられない変異株が相変わらず出てきますし、喉元過ぎれば熱さを忘れるのが日本人ですからね。ぬか喜びは禁物ですよ。

そして、たとえコロナとの戦いが終わろうとも、老いとの戦いは続くのです。

# 猫を探して

私の部屋のベッドの横には、写真立てがふたつ並んでいます。大きいほうには、四枚の写真が入っています。以前に舞台で共演したプードルのジュスティーヌ、だいぶ昔に飼っていた小鳥のきょんちゃん、雑種犬のコロ、ゴールデンレトリバーのシャーリーです。

もうひとつの写真立てでは猫のチビちゃんが、前足をきちんと揃えて座って、私を見上げています。

犬か猫かと訊かれれば、私はだんぜん犬党です。シャーリーの後にも、マロという黒いラブラドールがいました。猫は子どもの頃以来飼っていなかったのですが、この子は可愛い！　と思ったチビとの出会いは、二年ほど前の冬のこと。

我が家の庭にときどき顔を見せていた野良猫が、ある日、自分と同じサバトラ模様の子どもを連れて来ました。野良猫ですから、あげたご飯を食べはしても、家の中まで入っては来ません。「おいで」と声をかけると、入りたそうな素振りをするものの、やっぱり遠慮しています。

寒い雪の日にも入って来ないのでかわいそうになってしまい、庭に小さな犬小屋を買いました。温かい餌を置いて、親子で寝られるように用意しました。

子猫だけが、少し大きくなったときに「おいでおいで」と手招きしたら、ようやく家の中へ上がってきました。顔から背中は母猫と同じサバトラで、おなかが白くて、キリッと利発そうな顔をしたオスです。チビと名前をつけました。

猫が可愛いのは、怖がっていたのが少しずつ少しずつ馴染んで、気を許してくるのがわかるところですね。その分いじらしくなって、こちらも情が移っていきます。やがてチビちゃんは、私がテレビを観ているソファーの右横へやって来て、私のひざにあごを乗せて一緒に観るようになりました。

ところが、せっかく仲良くなって可愛がることができたのは、わずか一週間ほど。忽然といなくなってしまったのです。ある日、私が部屋で書き物をしていたら外でみゃあみゃあ鳴くので、「あら、チビちゃん来たの。入ってらっしゃい」と声をかけました。ところがなぜか、入って来ません。「どうしたの？」と尋ねても、みゃあみゃあ鳴くだけ。

そのうち声が聞こえなくなったので庭を探すと、もういません。すぐ表に出て辺りを見回したのですが、どこにもいませんでした。

その日を最後に、姿を見せなくなりました。あれは、さよならを言いに来たのですね。猫の世界には、猫の掟や縄張りがあるのでしょう。庭に置いた犬小屋が、茶っぽいブチのどら猫に占領されていたことがあります。知らずに中へ入ろうとしたチビちゃんは、大きな猫が先にいたので、びっくりしてしまいました。そのトラウマが、失踪の動機になったのでしょうか。

何日かたつと心配になって、新聞で見かけたペット探偵の連絡先を調べて、お願いしました。一日いくらの料金を払って一週間以上探してもらったのですが、見つかりません。

ご近所にお願いして、赤外線カメラも置かせてもらいました。猫が歩きそうな場所を選んで設置して、夜中でも何か通ると録画ができるのです。あちこち頼んでご迷惑をおかけして、録画を見ました。似た猫が映っていたことはありましたが、はっきり見分けがつきませんでした。

「この猫を見かけたら、お知らせください」と書いた写真入りのチラシも、一万枚印刷しました。「いなくなってからの期間を考えると、このくらい広い範囲に撒いたほうがいいでしょう」とペット探偵さんに言われて、私もご近所のポストに入れて回りました。でもやっぱり、手がかりはありません。

## 「料金はお振込みで」

遠くまで歩き回ったり、地域の獣医さんを調べて端から聞き込みに行ったり、私のほうがよっぽど探偵らしいと言われました。もしかして車に轢かれてしまったのでは、と気になって、区役所に問い合わせたりもしました。

どうして帰って来ないの？　どこへ行っちゃったの？　涙が出るほど会いたいのに……。犬や猫の気持ちがわかるという占いの先生を紹介され、チビの写真を渡しました。テレパシーで交信してくれて、

「あなたの猫は『長い間お世話になりました。楽しい日々を過ごさせてもらって、本当に感謝しています。いま僕は幸せですから、安心してください』と言っています」

というような文章を書いてくれて、「はい、料金はお振込みでお願いします」。チビと私しか知らない「一緒に観た、あのテレビ番組が忘れられません」といった思い出など、少しも出てきません。

あれで慰められたり、寂しさを紛らわす人もいるのでしょうね。「僕のことは探さないでください」と言われて「探したいから、お金払ってるのよ!」と思いましたけれど、もちろん口に出しません。世の中には、いろいろな商売があるものです。

結局、チビの行方は知れません。野良猫には、縄張りの中で可愛がってくれるお家が何軒もあって、それぞれ違う名前で呼ばれていたりするそうです。チビはあまりに可愛いから、誰かに連れて行かれて、家の中で飼われているのでしょうか。

我が家にはそのあと、違う猫が三、四匹、順番に顔を見せていましたが、このところ一匹も来ません。そういえば近所を歩いても、猫を見かけなくなりました。ミユージカルの『キャッツ』みたいに、近所の猫みんなで集会を開いて、揃ってどこかへ引っ越したのかもしれません。

大の犬党だった私が、これほど猫に後ろ髪を引かれるとは、思ってもみませんでした。たった一枚しかない写真をベッドの横に飾って、いつも話しかけているのです。

チビちゃん、どこかで元気に暮らしていますか。

# 私は水難の相あり

我が家は小さな三階建てです。一階は、防音壁をつけた稽古場にしてあります。フルバンドを入れて演奏しても、音は外へ漏れません。隣近所の手前、自分で実験して確かめました。庭へ出て出窓の外へ回って、「はい、どうぞ」と合図して、トランペットを吹いてもらったのです。ぺーと吹く音を聞いて、この程度なら平気ねと確認しました。

何しろ、あまり情感のない家です。ビルを作るのが専門の会社に建築をお願いしたのは、社長さんが私の後援会に入っていらしたからです。張り切って建ててくださって、「とにかく頑丈に作っときました。ちょっとやそっとの地震じゃ倒れませんと太鼓判を押したほど。基礎工事のとき、鉄骨のすごいのを使ったので、ご近所では何が建つんだろうと噂になりました。

ですから地震には強いのですが、水回りに関しては、ご難続きの家です。出来上がってから、建設会社の方が申し訳なさそうに言いました。

「あの、すみません。脱衣所を作るの、忘れちゃいました」

お風呂はふたつあるのですが、どちらにも脱衣所がありません。設計から完成するまで、誰も気が付かないとは。日頃ビルばかり建てているせいで、脱衣所まで気が回らなかったのでしょうか。

洗面所とトイレの先のドアを開けると、お風呂です。カゴを置く場所がないので、私は脱いだ服も着替える服も、フタを閉めたトイレの上にポンと置いときます。まあ慣れてしまえば、困りませんけどね。

浴槽は、もともとお客さん用に作ったほうが、私のお風呂より大きなサイズです。設計した方ご自身が、やはり出来上がったあとになって、

「どうして、草笛さんが毎日使うお風呂のほうが小さいんですか」

と訊くのです。建てる前に設計図を見せてもらいましたけど、脱衣所がないとか浴槽のサイズが違うとか、素人にわかりゃしませんよね。このように出来上がってしまった以上、怒るわけにもいきません。

建てた当初は一人住まいでしたけど、いまはお手伝いさんに交代で泊まり込んでもらっています。お手伝いさんが使うのは、お客さん用のお風呂ですから大きいほう。私のお風呂は小さいほうです。

でも本当の水回りの災難は、住み始めてから！　この家は、三度も水浸しになってしまったのです。最初と二度めは、同じ原因でした。

私は、空気の乾燥で喉を痛めないように、濡らしたタオルをベッドのそばに置いて寝るのが習慣です。三階の洗面台にタオルを置いて、水を出します。湿らせるというより、たっぷり濡らすイメージ。そして、その場所からちょっと離れると、つい忘れてしまうんですね。

## 走る私、すまし顔の愛犬

ある晩テレビを観ていたら、ジャボジャボ、ジャボジャボと変な音がします。洗面台を見に行くと、水が溢(あふ)れてジャボジャボ。慌てて蛇口を閉めてから二階へ下りてみると、天井から床の絨毯(じゅうたん)までビショビショ。さらに一階へ下りると、稽古場も床一面ザボザボ。

洗面台の排水口も、水が溢れるのを防ぐために上のほうについている小さな穴も、タオルが塞いでいたので、外へ溢れてしまったのです。どのくらいの時間出しっぱなしだったか、わかりません。一階の床が湖みたいになるには、一時間近くかかったんじゃないでしょうか。

たまたまお手伝いさんが休んでいたので、一人夜中に半裸になって、家中を駆けずり回りました。タオルというタオルを引っ張り出してきて、床に敷き詰めたわけです。

愛犬のラブラドールレトリバーのマロは、床に溜まった水を飲んで減らしてもくれないし、タオルを絞ってもくれません。オロオロ行ったり来たりする私を、大変だねって顔して眺めているだけです。

ベッドの上は水が来ませんから、仕方なくそこで、マロと一緒に寝ました。朝になってお手伝いさんが来てくれるまで、寒い思いをしたものです。びっくりされたのは、

「これだけたくさんのタオルが、よくありましたね」

ってこと。とても一人暮らしとは思えない枚数だと言います。そりゃあ長く生きていれば、タオルくらいありますよ。タオルケットまで総動員しましたしね。

その代わり、洗って乾かすのが大変でした。二日間か三日間、洗濯機を回しっぱなし。物干しにタオルをずらっと並べて、美容院でも始めたのかと思われたかもしれません。

二階の絨毯は自然乾燥しかありませんから、乾くのに何日もかかりました。一階の稽古場の床板は、みんな反ってしまいました。ところが、いい板を使ったおかげでしょうか。水が引いたあと時間はかかりましたが、ビシッと元の形に戻りました。

二度めの水浸しも、原因と状況はまったく同じです。前回と同じ場所のカーテンレールから、水が一階までザーザー漏れていました。なるほど、水が伝わるルートは決まってるのね、などと感心している場合ではありません。

申し訳ないことです……。またしても私がやったのです。罪の意識で小さくなるばかり。そう言えばゴルフでも、よくボールを池ポチャしていたっけ……。

三度めは一昨年でした。ある日突然、昭和の長屋の雨漏りみたいに、一階の天井からものすごい勢いで水が垂れてきたのです。水道管が劣化して穴が開いたのが原因ですから、これは私のせいじゃありませんよ。

水難の家ですけど、同じうっかりでも火じゃなくてよかったわ、と考えるようにしています。最近は夜中に目が覚めると、耳を澄ませます。ピチャッという音がかすかにでも聞こえたら、また!?　ですからね。

【追記】今回は、ここで終わるはずでしたが、つい先日、四度めをやらかしてしまいました。やはり、水難の相ありです。

# 終戦直後の思い出

終戦の玉音放送は、家族でお世話になっていた疎開先のお家の庭で聞きました。群馬県の富岡です。ラジオの音が悪いし、私はまだ小学校六年生でしたから、正確に聞き取れません。ただ「天皇陛下のお声って、高いんだな」とだけ感じました。

戦後、横浜へいつ戻って来たのか、はっきり覚えていません。辺りは焼け野原で、我が家も焼けていました。山の上にあった母の実家だけが無事で、広い家でしたから、そこへ住むことになったのです。

三菱重工の軍需工場に勤めていた父は、仕事を失いました。いろいろと商売を始めては、失敗続き。そこで母が、桜木町に小さな洋裁店を開きました。長女の私は両親の苦労を見ていましたから、かぎ裂きを縫ったりアイロンをかけたりと、小さい仕事はできるだけ手伝いました。

あの夏、八月三十日に厚木飛行場に着いたマッカーサーは、その足で横浜へ来て、ホテルニューグランドに泊まりました。その部屋は「マッカーサーズスイート」と呼ばれて、いまも使われています。ですから進駐軍は最初の拠点に横浜を選び、たくさんの兵隊が来ていました。ニューグランドの向かいにある山下公園も接収されて、将校用の住宅が建てられました。フェンスで仕切られた向こうの広い芝生で、アメリカ人の女の子たちが遊んでいました。あんなに綺麗な家に住んで、私たちは着たこともない可愛いピンクの服を着て、キャッキャッと笑いながら飛び跳ねているのです。

フェンスのこっち側から眺めている同じくらいの年の私たちは、汚いもんぺを穿いて、破れた靴を履いて、お腹を空かせて……。「ああ、負けたっていうのは、こういうことか」。子ども心に抱いた初めての実感を、いまも忘れません。

その頃のある日、同じ場所を通りかかったら、フェンスの横に大きくて真っ白な外車が海に向かって停まっていました。何をしているのかと見たら、アメリカ人の女性が二人、前の座席に座っていました。偉い将校の奥さん方でしょうか。よく見たら、運転席に座っていた女性が、ハンカチで涙を拭っています。私は「あれっ、アメリカ人でも泣くんだ」と驚きました。「戦争に勝ったのに、どうして車の中でこっそり泣くんだろう?」と。

山下公園は港の傍ですから、海の向こうのアメリカが恋しくて泣いたのか。それとも、家庭で何かあったのか。理由はわかりませんけれど、私の心は少し安らかになったようでした。「戦争に勝っても、悲しいことはあるんだな」なんて思ったのです。敵だと思っていたアメリカ人に対して少し優しい気持ちをもったのは、あのときが初めてだったかもしれません。

## 「鬼畜米英」、でも……

PXと言っても、いまの人にはわからないでしょうね。進駐軍の兵隊用の売店のことです。そのPXのひとつが、私の親戚の家の傍に作られました。その親戚はときどき「これ、貰ったから」なんて言いながら、進駐軍の物資を持って来てくれました。

その家に、一人のアメリカ兵が暮らし始めました。子どもだった私の目には、年の頃六十くらいに見えましたね。朝会うと、「グッド・モーニング」と挨拶します。時にはチョコレートやチューインガムをくれるので、「サンキュー」と受け取っていました。

なぜそんな場所で暮らしていたかというと、ほかの人たちと一緒に暮らせないからだそうです。共同生活が基本の軍隊では、落ちこぼれでしょう。アメリカ軍には、そんな兵隊さんもいたのです。物静かなおじさんでしたけど、何かかわいそうな感じを受けました。

そののち私は、仕事のため初めての外国旅行をすることになりました。英語の勉強のために、ある人が軍人さんを紹介してくれました。階級は忘れましたけれど、肩書がついているのに、まだ若い女性兵士です。

彼女は、たくさん並んだカマボコ兵舎のひとつに私を連れて行って、「ここが私の家よ」と招き入れてくれました。クローゼットのカーテンをいきなりシャーッと開けて、中を見せました。そこには、ギラギラなスパンコールのついたドレスが、ワーッと並んでいました。

軍服姿からは想像できませんが、仕事が終わってナイトクラブなんかへ遊びに行くとき、着たのでしょうか。けれど私は、たくさんの綺麗なドレスを見ても、羨ましいと思いませんでした。なんだか彼女が背伸びをしているような、無理をしている感じが見えて、辛くなってしまったのです。若い女性兵士でしたから、男社会の軍隊では辛い思いもしたはずです。その分、発散が必要だったのかもしれませんね。

小学校低学年の頃、校庭で「米英撃滅演練」をやりました。みんなで竹槍を手にして、「ヤーッ」と。ところがアメリカの人たちと実際に接してみたら、あれほど「鬼畜米英」と忌み嫌っていたのに、憎めませんでした。私たちと同じように、それぞれ悩みや苦労を抱えながら生きていることが少しずつわかったからです。

やがて私は、ミュージカルという初めて巡り合った音楽入りの舞台に大変な興味をもちました。本場のブロードウェイへ、勉強にも行きました。竹槍で突く訓練まででした相手と楽しく話をしながら、ふと「ここは敵国だったんだ」と気付いたりもしました。

けれど、みんな同じ人間なのです。まだ戦争が始まる前、横浜の港にヒタヒタと打ち寄せる波に手を浸し「この水は海を越えて、遠いアメリカやいろんな国を通って来た水だ」と感動したのを思い出しました。

ウクライナで戦争が始まって、半年が過ぎました。戦争は絶対にダメ。私は疎開先で、下の妹を亡くしています。満足に食べ物がなかったからです。戦争は誰も幸せにしないし、真っ先に泣くのは最も弱い人なのです。

# インスタ始めました

インスタグラムというものを始めました。私が新しいことに手を出さない、足も出さない、首も引っこめる亀のような女だから、パーソナルトレーナーのコータローさんが見かねて、「何かやってみたらいいんじゃないですか」と勧めてくれたのです。

それがインスタになったのは、私の付き人が、ドラマ撮影の合間の風景などをスマホで撮って、彼に見せたことがきっかけです。「こういうオフショットを載せたら、面白いのでは?」という会話からスタートしたわけです。「僕が責任をもちます」とコータローさんが言うので、彼と付き人とマネージャーにすっかりお任せしています。

そもそも私は、機械が苦手です。「インスタ用にiＰａｄを買ってください。映画も観られて便利ですよ」と言われたって、訳がわかりません。パッドって、胸に入れるものじゃないんですか。携帯は持っていますよ。電話くらいかけられますが、メールはちょっと。小さな字をちまちまと打つのが億劫なのです。メールを送って来る人も、ほとんどいません。どうせ返信できないだろうと、思われているのでしょう。そのくらい、わかります。

それで一向に構いません。私はこのままで堂々と生きていますから。電車に乗ったら、みんな同じ恰好でスマホを眺めているし、歩きながらスマホを見て人にぶつかったりしていますでしょう。ああいう光景を見て、イヤだと思ったのです。もともと私は、他人と同じことをやるのが嫌いだし、ああいう景色は好きではありません。

いまの子どもたちは、物心ついたときからスマホにばかり触れて、ずっと手に持ったまま大きくなっていくわけでしょう。それが当たり前のように流されてしまうのか。それとも、こんな生き方はおかしいと声を上げる大人になるのでしょうか。

機械といえば、銀行へ行って、カードを使ってお金を出し入れするのもダメ。目に見えないところで、お金がツーツー行ったり来たりするなんて、好きになれません。画面に金額を打ち込んでもピンとこないし、ゼロをひとつ間違えたって、教えちゃくれません。機械には申し訳ないけれど、信用していないのです。最近は、銀行口座そのものがスマホの中にあって、スマホに入金されてスマホから出ていくそうですね。ますます人の目に見えないし、手にも触れません。自分のお金が間違って誰かの口座へ入ってしまったら、どうしてくれるのでしょう。

いまの世の中は機械が何でもやってくれて、おかげで人間は楽ができるらしいのに、私は違う性分です。「馬鹿にして！」と思ってしまうのです。手をかけるほうが、私は好き。というより、人間対人間が好きなのです。ぬくもりを感じられないと、心地よくないのです。

自分の手を使うほうが、お金の有難みだって増します。お給料が現金払いだった時代には、受け取ったお札を数えるのが嬉しかったじゃないですか。たとえ少なくたって、「ああ、よく働いたな」と自分を誇らしく感じたものです。

だから銀行に用事があるときは、「これから参りますので、お願いします」と電話をかけてから出かけて行きます。「こんにちは」と挨拶をして、「この用紙に、住所と名前を書いてください」と言われて書きます。続けて「今日は何年何月何日」と書きます。それは私にとって、脳の働きの確認でもあるのです。

## 人の温もり

ところが私みたいな客は減ったらしく、通帳ひとつ作るのにも、お金を取られるようになってしまいました。自分の口座なのにね。

それに機械だって、ときには間違えるでしょう。いつだったか、銀行の機械に入れたカードが飲み込まれてしまう故障が起こって、たくさんの人が困ったというニュースを見ました。人間が間違えたら、人間の責任。機械の操作を間違えたら、間違えた人間の責任。では機械が間違えたら、誰の責任ですか。

レストランへ行ってもタッチパネルで注文して、ロボットが作ってロボットが運んで来る時代が来るそうです。人件費がかからない分、値段が安くなるといわれても、味わいはどうなのか。

私のような一人暮らしの年寄り向けに、話しかければ返事をするロボットも売っていると聞きました。相手に合わせて勉強して、気の利いたセリフを言うそうです。気持ちの悪いこと。面白がれる人はいいでしょうけれど、私だったら「もっと綺麗な日本語を使いなさい」と怒って、つねって壊しちゃうかもしれません。

やっぱり、人間の声と人間の温かい手が好きなのです。なんてことを言っていたら、いまの時代を生きられないんでしょう。でもこれは、古いか新しいかではありません。好きか嫌いか、の問題です。

何だか突っかかってますね、私。でもこの歳まで来たら、何かを踏み越えて、新しいことを始めようって気持ちになるのは大変なのです。

そんな私が、勧められるままにインスタを始めてみました。「主にスタッフによる代行」と書いてあります。ちっとも「主に」じゃありませんけれどね。

鎌倉の妙本寺へロケに行ったときの写真や、ご近所に住んでいるゴールデンレトリバーのボーイフレンド・サヴィちゃんとのツーショットを載せました。先日亡くなった森英恵(はなえ)さんが、かつて私の結婚式用にデザインしてくださったイブニングドレスのコートをリメイクして使っているクッションも披露しています。ホテルのオーナー役で出演している連続ドラマ『HOTEL－NEXT　DOOR－』（WOWOW）の宣伝もあります。

よろしければ、覗いてみてくださいませ。

# 刑事になりたい

警察の方が、我が家へいらっしゃいました。いいえ、何もやってませんよ。悪いことをしたのではなく、感謝状を頂いたのです。

〈あなたは特殊詐欺被害防止に深い理解を示され、静岡県警察が推進する、詐欺から女性の暮らしを守る「さくらセーフティ作戦」に、多大な貢献をされました。ここに感謝の意を表します〉

と書いてあります。静岡県警がいわゆる振り込め詐欺の被害者を分析したところ、九割以上が六十五歳以上で、そのうち八割が女性だったそうです。そこで高齢の女性を対象に啓発キャンペーンをすることになって、私にお声がかかったわけ。

六月から、私の写真を使ったポスター五百枚を公民館など高齢者が集まる場所に貼って、チラシ十万枚を戸別訪問で手渡ししたということです。すぐに被害が減ったわけではないのですが、反響が大きくて、交番にチラシをもらいに来る人もいたそうです。世の中のお役に立てるほど、嬉しいことはありませんね。

振り込め詐欺の電話は、実際に私も受けたことがあります。変だと思ったので、突っ込んで質問して相手をかく乱したら、電話は切られてしまいました。相手のペースに乗せられないように、前もって質問項目をメモして置いておくと役立ちます。

警察とのご縁で思い出すのは、パトカーに乗せていただいたことです。もう五十年も前ですが、越路吹雪さんと一緒に、確か箱根のゴルフ場で映画の撮影をしていました。夜も一緒に、東京の宝塚劇場に出る予定でした。コーちゃんは出番が先に終わったので、「じゃあ後でまた」と言って別れました。

ようやく私の撮影が終わると、一緒にいた東宝の人が「困った。開演時間に間に合わない」と言い出しました。急いでどこかへ電話をかけて「お願いします。お願いします」と頭を下げています。

やがてウーウーという音が近づいて来て、私はそのまま乗っかって、ウーウー言いながら東京の宝塚劇場へ。パトカーには初めて乗りましたが、ずいぶん大きな音を立てて走るんですね。ほかの車がパーッとどいてくれるのはいい気持ちでしたけれど、ちょっと照れ臭かった。

劇場の楽屋口までピューッと入ったので、周りの人に見られたら恥ずかしいから、下を向いていました。よけいに犯人みたいだったかしら。

おかげで開演時間には間に合いましたが、コーちゃんには、

「あなた、ずいぶん賑やかな楽屋入りね」

と呆れられてしまいました。

警察がパトカーで民間人を送ってくれるなんて、ノンビリした時代だったのです。パトカーに乗った女優は、なかなかいないでしょうね。神宮外苑で映画のロケをしていて四谷署へ呼ばれたときは、パトカーに乗せられず、歩いて行きましたから。

あのときは宝田明さんが真っ白いオープンカーを運転するはずだったのですが、直前にお怪我をされてしまいました。突然の変更だったので、ほかの車で引っ張るような準備がありません。「仕方がない。草笛さんやってください」と頼まれ、「動かしゃいいんでしょ」と運転免許を持っていない私が宝田さんを助手席に乗せて、ハンドルを握ったのです。

大勢の見物人の横を少しだけ走って、オーケーが出ました。帰ろうと思ったら、お巡りさんに「ちょっと」と呼び止められました。「免許は持ってますか」と訊かれたので正直に「いいえ」と答えたら、「署まで来てください」と連れて行かれたのです。映画会社の人たちは蜘蛛の子を散らすように逃げてしまって、私と付き人の二人だけでした。

**女優改メ刑事改メ……**


四谷署に入ると四、五人の警官に囲まれて、

「免許証なしで運転したんだって？」

「はぁ」とうなだれて見せると、

「さっきの様子だと、ちょっと練習したら取れるよ。頑張れば」

と運転技術を褒められ、

「じゃあ、気をつけて帰って」

で放免となりました。

我が家へ見えた静岡県警の方にはそんな〝前科〟を伏せたまま、感謝状を頂戴しました。そのポスターは、最近始めた私のインスタに載せてあります。被害に遭わないようにという趣旨ですから、私はおとなしい顔をしています。次は犯人に向けて「コラッ！」というポスターに出たい。

本当は、この手で犯人を捕まえたいのです。静岡県警の方に、

「刑事を演じたことが一度もないんです」

と打ち明けたら、

「いまでこそ女性刑事は増えましたけど、昔はいなかったから、ドラマにもならなかったんでしょう」

「では、一日警察署長というのをやって、その日のうちに犯人を捕まえたいです」

と言ってみました。一日じゃなくて、ずっとやってもかまいません。

「草笛さんは制服が着たいんじゃなくて、捜査がしたいんですね」

と笑われました。

女優・草笛光子は世を忍ぶ仮の姿で、実は極秘の特命捜査官だったり、凄腕（すごうで）の私

立探偵だったりしたらカッコいいのにな、と想像します。

殺し屋稼業にも憧れます。世の中の人々を助けるための密命を帯びているのに、誰にも悟らせません。

「草笛さんだったら、絶対『ねぇねぇ、実はね』って嬉しそうに話すから、無理ですよ」

とバカにされますけど、そんなに軽率じゃありませんよ。それに、いかにも殺し屋の顔をしていたら、警戒されるでしょう。私みたいにポワーッとしているのが、本当のプロです。世界中から憎まれている独裁者や悪党に女優の顔して近づいて、一緒にお酒でも飲むフリをしながら、一服盛ってしまうのです。

誰か雇ってくれないかしら。でもそうしたら、せっかくいただいた感謝状は没収されてしまいますね。

# 遺言状を書きました

今年の大きな出来事として、遺言状を作ったことがあります。自分で思い立ったのではありません。夫も子どももいなくて一人きりの私が死んだら、あとの始末をどうつけるのか。住んでいる家はどうするのか。ちゃんと決めておいたほうがいいと、以前から勧められていました。残される人たちのためだから、というのです。

ようやく実行に移したのは、あるお友達から「まだ何もやってないの？」と訊かれて「うん」。「いい弁護士さんがいるから、やっといたほうがいいわよ」と紹介していただいたためです。

自分がいなくなったら……なんて考えるのはイヤですよね。「そのあとのことなんか知らないわよ。どうぞ、ご勝手に」と言いたいところですけど、トラブルを防ぐためだと言われれば仕方ありません。思った通りになっていないのを見て、「違うじゃないの！」って化けて出るのも辛いですからね。遺言を一度作ってしまえば、あとは野となれ山となれ。面倒なことは片づけておこう、と考えたわけです。

遺言というのは、言い方を換えれば愛情の分配ですね。私の身内は、きょうだいと甥や姪だけ。実は秘密にしていた彼氏がいますとか、隠し子があちこちから出てくるとか、ひと波乱もふた波乱もあれば面白いのに、何にもないのがつまらない。

お友達に紹介していただいた弁護士さんと公証人の方が、作成に立ち会ってくれました。芸能界ではあまりお目にかからない、いかにも固そうな方々を前にして、いささか緊張しました。笑いながら話す内容でもありませんから、手続きはあくまでも事務的です。

ですが「お金はどのくらいありますか」なんて訊かれたら、恥ずかしくてすぐに答えられません。いっぱいあって言いにくいのならカッコいいですけど、逆ですからね。「え、それっぽっち？」なんて思われたら、ますます恥ずかしい。

きょうだいや親戚とどんな関係になっているかなど、根掘り葉掘りまではいきませんけれど、〝ネホハ〟くらいは訊かれました。そのあと、

「お葬式はどの程度にやりたいですか」

「お墓はどうしますか」

「あなたが亡くなった場合、これは誰に、あれは誰に譲りますか」

いよいよ来たかと思いました。私はまだ丈夫なのに、死んだあとのことを具体的に決めなきゃいけないって、キョトンとしてしまいます。

まぁ難しい判断はないし、「こんな感じにしてください」と言えば、「そういった場合、普通はこうですね」とアドバイスされることはあっても、「いや、こうしたほうがいいです」と反対されはしませんでした。タッタッタッと話して、おしまい。こなさなければいけない仕事が、ひとつ終わったって感じです。

ただ、あちらはお仕事なので淡々と話を進めますが、こちらは別。ここまでの生涯を、他人様に総括されてるみたいな気がしてね。「そんな、絵に描いて判を押したような人生じゃなかったのよ」と、口を挟みたくもなりました。もちろん、その方たちには何の責任もありませんから、黙っていましたけれども。

「具体的な中身は話しちゃいけない」と言われているので、書けません。公開遺言状になってしまったら、何のために公証人までお願いしたのかわかりませんからね。「私が死んだら、憎いあの人とあの人に仕返ししてください」と書いてあるなんて、とても言えない……。

## ある紳士の〝予言〟

冗談はさておき、その日から私の心はぐっと老けたような気がしました。「ああ、私は終わりなのか。もう先はないのか」という寂しさを感じて、すこしガタッと来てしまったようです。そんな気分が何日か続きました。

遺言を何度も作り直す人がいると聞きますが、そんな面倒はご免被り（めんこうむ）ります。舞台やドラマの仕事がひとつ終わるたび、セリフだらけの頭の中を次の仕事用に書き換えなければいけないのに、それ以外の書き換えなんてやっていられません。

弁護士さんに「これだけは、なんとかなりませんか」とお尋ねしたのは、家や土地をお金に換えて前借りはできないのかしら、という相談です。というのも、いま私が一番やりたいのは海外旅行……。好きなところに行きたいのです。

最近よく思い出すのですが、昔々ある紳士が、私にこう言いました。

「草笛さん、老後は外国で暮らしなさい」

実は、どなただったか覚えていません。お名前はわからず、お顔もおぼろな記憶ですが、あれは夢ではありません。

「なぜですか」と訊いたら、

「あなたは日本にいるよりも、外国のどこかでゆったりと老後を暮らして亡くなるほうが幸せです」って。

たとえばフランスの田舎で、老人ホームにでも入って穏やかに余生を過ごすべきだと、予言めいたことを言われたのです。

海辺のチェアや木陰のハンモックに寝そべる私を、思い描いてみました。う〜ん、どうもピンとこないばかりか、情けなくてつまらない。のんびりした生活に憧れる気持ちが、少しも湧いてこないのです。

女優をやめて日本から離れて、海外で優雅に暮らす？　私にできるかしら……。

それなら旅行のほうがいいし、家や土地を売ってお金を作るより、私をまだ必要としてくれているなら、役を演じてお金をいただいたほうがいい。まだかすかに働けているいまのうちに、元気に働いておくことです。

こんなことばかり言っていたら、うんと長生きするかもしれませんね。「遺言を作ったのに、まだ生きてるの?」なんて呆れられるのも癪に障りますから、もっともっと先まで元気いっぱい生きてやろうと思っています。

## 「草笛光子」の由来

私の芸名「草笛光子」は、自分で付けました。この名前には私の〝反逆児精神〟が籠められています。

本名は、栗田光子です。光子という名は、ある朝、母の枕元に子育て観音の像を置いたらピカッと光ったから付けたのだそうです。

四人きょうだいの長女として生まれたときの姓は、富田でした。母の実家・栗田家の跡継ぎだった叔父が戦死してしまったため、祖父母が私を養女にしたいと希望して、私は喜んで承知したのです。女学校に通っていた頃ですが、呼ばれ方が変わった以外は元の通りの生活でした。

当時、戦争で焼け残った栗田家には、二、三世帯が同居していました。その中にいた私と同年代の女の子が松竹歌劇のファンで、私に松竹音楽舞踊学校を受験するよう強く勧めました。歌劇団に入るためのステップです。親にも内緒で受けてみたところ、六十倍の競争率を勝ち抜いてしまいました。どうすべきか迷って、女学校の先生に相談すると、こう助言されました。

「女学校をひと月だけ休んで通ってみて、そのあと決めたらどうか」

ひと月後に私は、女学校を中退して、音楽舞踊学校に専念すると決めました。入学後はダンスや日本舞踊、歌など全科目の試験が年に二回あって、同級生約五十人の順位が発表されます。「これは、お相撲の番付と同じだな」と気付きました。自分が頑張って力をつけさえすれば、一段ずつ上っていけるからです。

入学式で宣誓文を読んだ新入生代表が、有名な画家の娘さんだということも知りました。「よし、卒業するときは、私が一番になってみせる!」雑草の負けん気に火が付いたのです。大スターを頂点に、上級生から研究生までが派閥を作っているのにも馴染めず、どのグループにも入りませんでした。同じ舞台に立てば、先輩も後輩もないと考えたためです。

二年目で、国際劇場の舞台に立ちました。初めは後ろのほうで、大勢と一緒に手を伸ばしたり足を上げたりするだけでしたが、ソロで歌う花売り娘の役に抜擢されました。ところが、マイクの入った花かごを持って歌いながら歩き始めたら、先へ進めません。誰かがわざと、マイクのコードを足で踏んでいたのです。

目立つようなイジメはその程度でしたけれど、私はあまり気にしないタイプ。入学したとき何番だったかわかりませんが、卒業するときは念願の一番になっていました。先生方から、

「あなたは白紙だから、かえって教えやすかった」

と言われたのを覚えています。小さい頃から日本舞踊を習っていたような同級生が多かったのですが、私には何の素養もなし。真っ新な分、素直に吸収できたのでしょうね。

## お前さんの名前は寂しい

芸名は宝塚と同じように、学校を卒業して歌劇団へ入団するときにつけるのが習わしです。「自分で考えて提出しなさい」と言われたのですが、思いつきません。いかにも歌劇っぽい芸名が、私は苦手でした。

というより頑固なせいで、栗田光子以外になりたくなかったのです。できれば本名で舞台に立ちたかったのですが、それは困ると言われ、私も困ってしまいました。するど、ある先生がおっしゃいました。

「誰かにつけたかった名前があるんだ。『草笛』はどうだい？」

昭和初期の宝塚歌劇に、草笛美子（よしこ）さんという娘役のスターがいらっしゃいました。歌唱力と美声で知られた方です。当時、我ら松竹は踊りがメインで、草笛美子さんのように歌の上手い人はあまりいませんでした。その先生は「あなたは歌を伸ばしなさい」と応援する意味で、あやかる芸名を勧めてくれたのです。

なるほど、自分で決められないのですから、ほかの人に考えてもらう手もあるなと思い、納得してお受けすることにしたわけです。

草笛美子さんに、ご縁を感じたせいもありました。戦争中に疎開していた群馬の富岡で観て、私がミュージカルに憧れるきっかけとなった映画『歌ふ狸御殿』に、出ていらっしゃったからです。

上が草笛なら、下はたとえば唱子とか、音にちなんだ名前が似合うでしょう。でも私は、どうしても自分を残しておきたかった。栗田光子という人間がまるで変わってしまうような名前で、呼ばれたくはありませんでした。そこで学校側に、

「草笛はいただきますけれど、光子は残してください」

と申し出ました。そもそもが憧れて入った芸能界ではないし、どっぷりと浸って毒されたくないというこだわりがあったのです。反逆児ですよね。

草笛美子さんには、後日ご挨拶に伺いました。帝劇に出ていらしたとき、松竹歌劇の先生と一緒に楽屋へお邪魔して、

「私、黙って草笛さんのお名前をいただいたんですけど、よろしいでしょうか」

とお伺いしたら、快く、

「あら、いいわよ。頑張ってね」

と励ましてくださいました。やがて東宝へ移籍した私は、劇作家の菊田一夫先生から、

「お前さんの名前は寂しいね。草笛って、ピーッて寂しい音だぞ」

なんて言われたことがあります。「よし、寂しい名前なら、寂しくない生き方を

してやれ」と、改めて心に誓ったものです。

私は芸能の家系に生まれたわけではありませんし、東宝を離れたあとは大手の事務所や劇団などに所属せず、天涯孤独を通してきました。誰にも頼れず、頼る気もありませんでした。よくこの世界で七十年も生きてこられたな、と思います。

もっともっと腕を磨いて人のためになる女優にならなければいけないし、人間としても精進しなければと、気持ちを新たにしています。

# 私の転機

「草笛さんは、お金はないけど人には恵まれてますね」

パーソナルトレーナーのコータローさんに、いつも言われます。「お金はないけど」は余計ですが、

「人脈は、お金以上に貴重ですよ」

という彼の言葉はその通りだと、自分でも常々感じてきました。

思い起こせば、松竹から東宝へ移籍した二十代前半の頃が、私にとって一番の転機でした。東宝の取締役をしていた劇作家の菊田一夫先生から、東宝のミュージカルに出ないかと誘っていただいたのです。そこで私は、松竹の城戸四郎社長のところへお願いに行きました。城戸社長は、『愛染かつら』や『君の名は』などのメロドラマを大ヒットさせて、松竹の黄金時代を築いた名プロデューサーです。

「松竹に育てていただき、長いことお世話になりました。でもどうしても、菊田先

生のミュージカルに出たいんです」

当時は、映画会社の間に「五社協定」という申し合わせがあって、監督や俳優の移籍が許されない時代です。怒られるかなと予想していました。ところが優しい声で、

「君がミュージカルをやりたがっていることは、前からわかっていたよ。松竹には歌舞伎があるから、ミュージカルはできない。残念だけど、菊田君のところへ行きなさい。頑張るんだよ」

快く送り出してくださったのです。差し出された右手を握って、「行って参ります」とお答えしたら、涙が出てきたのを覚えています。その後も城戸社長には、パーティーなどでお目にかかるたび「しっかりやるんだよ」と励ましていただきました。

同じように目をかけてくださったのが、二代あとの永山武臣社長です。歌舞伎のお仕事が長かった方なので、映画が中心の私は面識がありませんでした。なのに東宝へ移ったあと、重役室へ呼ばれて出かけて行くと、

「草笛くん、大丈夫かい？　東宝でいじめられてないかい？」

と気遣ってくださいます。そればかりか、

「松竹は少女歌劇を潰してしまって、ごめんなさい」

と、頭をお下げになったことも。かつて私が在籍していた松竹歌劇団は、平成八年に解散してしまったのです。私は、おいおい泣くわけにもいかず、

「いえ、いいんです。どうか、お気になさらないで」

そうお答えするほかありませんでした。

私が小さな劇場で一人芝居をやったときや東宝の舞台に出ていたときも、永山社長はこっそり観に来てくださいました。秘書の方がフルーツを持って楽屋へいらっしゃって、「今日、お見えになっています」ということがずいぶんあったのです。お忙しいでしょうにと、いつもありがたく思っていました。

## 「劇場を借りてあげる」

移った先の東宝では、外様なのにいきなり主役級の扱いでしたから、嫌な思いを

したこともあります。

菊田一夫先生は共に苦労をした仲ですが、ずいぶん無理難題も押し付けられました。初代の水谷八重子さんが体調を崩されて、菊田先生から代役を頼まれたことがあります。膨大なセリフを三日で覚える必要があるので、とてもできませんとお断りしても、「やってくれ」の一点張りです。ついに私が泣いてしまうと、菊田先生はトイレに行って、戻って来るなり、

「あのなあ、おれは猿回し。お前は猿だ。猿は、猿回しの言うことを聞かなきゃいけないんだぞ」

先生は私を説得するため、トイレでこのセリフを考えていたのか……そう思ったら、呆れて吹き出しそうになり、代役は引き受けざるをえませんでした。

それに引き換え、当時の松岡辰郎社長は、思いやりのある素晴らしい紳士でした。あるとき、こんなことを言われました。

「僕のポケットマネーで、日生劇場を三日間借りてあげる。だから、好きなことをやりなさい」

エッ、なぜ日生？　東宝には芸術座、帝国劇場、東京宝塚劇場があるのに、と不思議でした。日生劇場は、日本生命を親会社にもつニッセイ文化振興財団が運営しているのです。どの劇場も日比谷にあるので、東宝から見ればライバルの劇場です。理由をお尋ねすると、

「物事には、何でも受け皿が必要だ。受け皿が合うか合わないかが、この世界では重要なんだよ。君には日生が似合う」

という説明でした。日生劇場は、私も親しくしていた越路吹雪さんがよく単独公演に使っていましたから、そうしたことをおやりなさいという意味だとわかりました。東宝では借りることができないので、「僕のポケットマネーで」とおっしゃったわけです。

「そんなありがたいことを、東宝の社長がおっしゃるなんて」と思ったきり、私は天に昇るような気持ちになりました。その後、松岡社長は急なご病気で亡くなってしまい、せっかくのお話は実現しませんでした。

越路吹雪さんには、作詞家の岩谷時子さんがプロデューサー的な役割でついてい

ました。私にはそういう人がいませんから、皆さん「自分が面倒を見なきゃ」と思ってくださったのかもしれません。これまで辛いこともありましたけれど、ぬくぬくと生きてこられたのは、腹の据わった偉い方たちに、親のような温情をかけていただいたおかげです。

令和五年五月まで、松竹の社長は城戸四郎さんのお孫さんが務めていました。東宝の社長は、松岡辰郎さんのお孫さんで、元プロテニスの松岡修造さんのお兄さんです。どこへ行ったって私が最高齢になるのも、当たり前です。お世話になった方々がお空で見ていますから、しっかり生きなきゃいけませんね。

# コロナと老い

令和五年の年明け早々、コロナになりました。「コロナは来るな」と、ずっと言っていましたのに。

朝だるくて起きられず、ご飯があまり食べられなくなりました。熱を測ってみたところ、六度九分。私は平熱が低くて、いつもは五度台です。そこで検査を受けてみたら、陽性だったのです。

ワクチンを四回打ったおかげもあってか症状は酷くならず、寝ていても退屈です。三、四日したら熱は元に戻り、後遺症もありません。何より、誰にもうつさずに済んだのは幸いでした。

私の身体は丈夫なんだなぁ、と感じました。普段から病気に対して、「来るなら来てみろ！　ただじゃおかないから」と身構えているせいで、病気も怖気付(おじけづ)くのではないかしら。くしゃみが三回くらい出たら、葛根湯を飲めばけろっと治ってしまいます。インフルエンザも、大昔に一度かかっただけです。「病は気の持ちよう」と言う通りかもしれませんね。

十年ほど前、あるお医者様から、「飲んでいる薬を全部見せてください」と言われました。コレステロールを下げる薬や胃腸の薬、血液の流れをよくするサプリメントなど四、五種類を持って行くと、「要らないものばかりです。やめなさい」と言われ、スパッとやめました。自力だけで生きていると思ったら、天の窓が開いたみたいにスカッとした気分になって、今日に至ります。

そんな私だったのに、近頃困っているのが、老いに直面していることです。「おかしい。こんなはずじゃなかった」と感じる機会が増えて、「これが老いというものか」と考え込んでばかり。そして、この思いをどう受け止めたらいいものか、戸惑っています。

たとえば——、夜は温かいパジャマのズボンを穿いて寝るのですが、立ったまま片方ずつ足を上げて穿くようにしています。よろけてしまうときは、壁にお尻をつけて身体を支えます。すると「あ、ずるけたな」と気が付きます。自分を助けてしまう自分が嫌で、カチンとくる。「楽をさせないで、きちんとやらせなさい」と思うわけです。

そこで大きな鏡の前へ行って、片足立ちの練習をします。うーん、うまく立てない。もう一回、もう一回とやってみます。

嫌な思いをするのは、翌朝です。目が覚めた途端、「昨夜は上手く立てなかったな」と思い出すからです。細かいことですけれど、細かいことだから癪に障るのです。

そもそも朝がだるくて起きられないのは、コロナにかかる前からです。眠くて眠くて仕方がなくて、「眠り姫」という童話がありますけれど、「眠りばばあ」じゃお話になりません。

八時に起きるつもりで目覚ましもかけたのに、「まだ眠い。あと三十分いいか」とグズグズします。この三十分がイイ気持ちなのですが、八時半に目を覚ますと、自分を甘やかした罪の意識に襲われます。

目が覚めたらすぐ、ベッドの中で簡単な体操をするのが長年の習慣です。手首から始めて両手の指を一本一本、揉んだり回したり。最近はそれすら面倒になってきたり、「前は、もっとよく動いたのにな」と感じたりします。

ベッドから出たあとは、ベランダで深呼吸をしてから、お茶を淹れます。自分とお手伝いさんの分、それと両親のお仏壇に供える分。自分とお手伝いさんの分には、梅干しを丸ごと一粒入れます。一日をつつがなく幸せに過ごすための大事な務めなのに、「なんで、そんなことにこだわるのよ」と囁く自分がいます。

以前は意識せずにやっていたことが、「これをやったら、次にあれをやろう」と考えてからでないと、できなくなってきたのです。朝のスタートからそんなふうに自分と戦って、思うようにいかなくて、「私、どうしちゃったの?」とショックを受けるわけです。時計が時を刻むみたいにカチカチカチカチ行動すれば、上手くリズムに乗れるのにね。

## 昨日の私に戻れ!

私のマネージャーは「いままで健康すぎた分、ちょっとした不調に過敏なのでは?」と言いますが、そうでしょうか。気になるのは身体の衰えそのものより、「あ、これが老いか」と感じる頭の中。何かをひとつずつ、奪われていくような気がします。この調子で歳を取っていったら、そのままあの世へ行っちゃいそうです。

昨日の自分と今日の自分を比べて、「昨日より一日分、歳を取ったのね」と思うのです。思うのですが、「いいえ、これは生活がちょっとルーズになってるだけで、歳のせいじゃないわ」と考え直したりします。

心の声が、囁きかけてきます。「八時半まで寝たからって、罪の意識なんか感じる必要ないのよ。そんなところで抗ったからって、いまさら人生の何が変わるの?」。でもやっぱり、こんなルーズはよくない。「自分を制御できなくなった。私、人間としてダメになったんだわ」と落ち込んでしまうわけです。

前に、老いとは「億劫との戦い」だと書きましたが、老いは「億劫がる自分との戦い」でもあるのです。自分を甘やかす私と、乗っかって甘えてしまう私。そこには、「戦うべきか、戦わないほうがいいのか」という迷いもあります。「私の想像していた老いって、こんなふうじゃなかった」ということがだんだんわかってきたのは、実はちょっと面白いですけれどね。

「元へ戻れ！」と思っています。「昨日の私、一昨日の私に戻れ！」って。自分で自分を叱らなきゃ、誰も叱ってくれませんもの。私はいま、端境期にいるのかもしれません。これから先、どうやって生きたらいいのか。あれも老い。これも老い。まったく「おいおい」ですよ。

# 九十歳のクローゼット

「おめでとう」と言われる出来事が続いています。

まず、「第三十回読売演劇大賞」の芸術栄誉賞をいただきました。読売演劇大賞は、作品、男優、女優、演出家、スタッフの五部門で、年ごとに演劇界の成果を顕彰する賞です。私はこれまでに、女優賞を四回いただきました。それと別に、「長年の功績や優れた企画を顕彰する」のが芸術栄誉賞です。

選考委員の一人で演劇・演芸評論家の矢野誠一さんの「審査評」は、とてもうれしかったですね。私は「高齢化社会の希望の星」だそうです。これまで出演してきた数々の舞台のスタッフと共演者の皆さん、何よりご覧いただいたお客様に、感謝しなければいけません。皆さんに育てていただいたおかげです。

「おめでとう」を言われるふたつめは、『草笛光子　90歳のクローゼット』（主婦と生活社）という本が発売になったことです。しまい込んでいた私服やアクセサリーを引っ張り出してきて私流のファッションをお見せする、写真が中心の本です。この本の帯にも、「人生100年時代のヒロインから元気をもらうファッションフォト&エッセイ」と、大仰な宣伝が書いてあります。

五年前に出した『草笛光子のクローゼット』(同社刊)という本を多くの方が手に取ってくださったおかげで、二冊目を出す運びとなりました。もちろん有難いのですが、戸惑いもあります。私はおしゃれではないし、大げさな着こなしの秘訣などありません。組み合わせを工夫することで、たいして持っていない洋服がさもたくさんあるように、人の目をごまかしているだけ。おこがましくて、照れ臭い限りなのです。

それでも二冊目を出そうと決めたのは、前回と同じスタッフと仕事をしたかったからです。一冊目の表紙が、私は特に気に入っています。ソファーに腰かけて英字新聞を広げているカットなのですが、服は新聞に隠れて写っていません。ファッションの本なのに、服が見えない写真を表紙に選ぶ。そんな洒落っ気のあるスタッフと巡り合えたのは、幸せでした。発想に融通が利くのに、変に粋がることはしません。奇をてらわず気取らず、普段ぽく撮って欲しい私の希望を汲んでくれるのです。特にカメラマンの天日恵美子さんが、とても上手です。撮るのが速いし、思い切りがいい。「こっちを向いてください」「足はもうちょっと右へ」「はい、ＯＫです」といった感じで、まったく無駄がありません。

そもそも洋服をカッコよく見せるのは、モデルさんの仕事です。女優は、演技をお見せするのが仕事。私は女優の神経しか持ち合わせていないので、モデルは務まりません。ですからお決まりのポーズで身体の動きを止められてしまうより、「動きと動きの間」を撮ってもらうほうが、生きた写真になります。彼女は私の願い通り、「動きと動きの間」をパッと切り取ってくれます。

とは言っても撮る枚数が多いので、撮影は大変でした。脱いで着て、脱いで着て、また脱いで。そのたびに靴を替え、髪型を変え。ヘトヘトになって「だいぶ撮り終わったかな」と思ったら、まだタンスひと棹分くらい残っていました。

メインの撮影には一冊目と同じ、横浜のホテルニューグランドをお借りしました。このホテルは、プライベートでもよく使わせていただきます。バー「シーガーディアンⅡ」で出している「ヨコハマ」というカクテルが、とても美味しいのです。新宿伊勢丹の靴売り場でも撮影しました。私は洋服より靴が好きなので、デパートへ靴を買いに行くシーンが欲しかったのです。閉店後に一時間半くらいお邪魔したのですが、素敵な靴がたくさん並んでいるので、目移りがして困りました。その他、ハウススタジオや、我が家の近所にある喫茶店と花屋さんの店先も、撮影にお借りしました。

## 自分の歴史を着る

セールスポイントといえば、ボーイフレンド犬サヴィちゃんの友情出演でしょう。散歩の途中で知り合って仲良くしているゴールデンレトリバーのサヴィちゃんは、本当に大人しくて素直で賢い子です。この撮影は、とても楽しくて楽でした。

音楽バラエティー番組『光子の窓』出演時や、ロンドンやハリウッドを訪れた二十代の古い写真も、引っ張り出してきて載せました。毎朝、梅干しを入れて煎茶を飲んでいる私の湯呑みや、お仏壇に供えている線香やろうそくの写真まであります。

特別な思い出のある服も、ご披露しています。晩年の杉村春子先生と舞台をご一緒した際、ご自宅から服や帽子などを毎日お持ちになって、「これ着て」「これ被って」と私に下さいました。淡いグリーンのネグリジェをいただいたのは、亡くなる一年ほど前です。

「ハワイでもらったんだけど、新婚旅行で着る物らしいのよ。私はもう要らないから」

と笑っておっしゃったのですが、六十代だった私とて着る機会はなく、一度も袖を通さないままです。

踊りの師匠だった吾妻徳穂先生が亡くなったあと、ご家族から形見分けにいただいたのは、ゴールドのヒョウ柄のドレスでした。「これを草笛さんに」とおっしゃったそうなのです。そのドレスの上には、親しかった越路吹雪さんの形見であるベージュのコートを合わせてみました。

吾妻先生が亡くなったのは一九九八年。越路さんが亡くなったのは一九八〇年。洋服はそれぞれに、歴史やストーリーを纏(まと)っていることを感じます。

一冊目のお話をお引き受けするかどうか迷っていたとき、友人が、

「自分の歴史を着るという女優の仕事。一度きりの舞台をやるのと同じじゃないか」

と背中を押してくれました。その言葉を、改めて噛みしめています。

# 『光子の窓』のころ

先日、NHKのニュース番組のインタビューを受けたのですが、とても懐かしい写真を何枚も持って来てくださいました。昭和三十年代前半に、私が出演していた番組のスナップです。

『なんでも入門』というラジオ番組の写真では、森繁久彌さんと二人で、台本を持ってマイクの前に立っています。越路吹雪さんが降板した後を、まだ松竹歌劇団に在籍していた私が引き継いだのです。ミュージカルの走りで、「歌入りドラマ」と呼ばれていた番組のひとつでした。

ラジオドラマでは、森雅之さんと共演したことも思い出します。森さんは作家の有島武郎の息子で、『羅生門』『雨月物語』『浮雲』など数々の名作映画に出演された大スターです。いい男でねぇ、「初めまして」と挨拶されたらあまりに色っぽくて、胸がはち切れそうでしたよ。

『歌うロマンス』と書いてある写真も、ラジオ番組です。マイクの前で、淡島千景さんと並んでいます。フランキー堺さんが後ろでドラムを叩いていますから、淡島さんと私は歌っているところでしょうね。『歌の花ビラ』とある写真にはカメラが写り込んでいますから、テレビ番組ですね。男性ダンサーに囲まれて私が一人で歌っているカットと、ダンサーたちに持ち上げられてポーズを決めているカット。裏を見ると「25歳」と書いてありました。

NHKには、仕事以外でもお世話になりました。私はブロードウェイやロンドンのウエストエンドで上演されていたミュージカルが観たくて仕方なかったのですが、舞台は映画と違ってその時、その場所でしか観られません。でもNHKの資料室へ行けば、輸入されたレコードが揃っていたのです。

「すみません、『オクラホマ!』は入ってますか。ちょっと聴かせてください」

とお願いしてレコードをかけていただき、「この歌は、どんな場面かなあ。どんな役者が、どんな衣装を着て歌ってるのかしら」と想像してはワクワク。何度も聴きながら、持参した譜面におたまじゃくしを書き込んでいきます。そんな小さなことからコツコツ勉強して、ミュージカルへの憧れを募らせていたのが、私の青春でした。

日本テレビの井原高忠さんから、

「クリちゃん(本名にちなんだ私のあだ名です)に見てもらいたいものがあるから、ちょっと局まで来てくれない?」

と声をかけられたのは、そんなころです。井原さんはまだ若手でしたが、のちに『11PM』や『スター誕生!』などの看板番組を企画する名プロデューサーになります。

見せられたのは、アメリカのテレビ番組『ペリー・コモ・ショー』でした。フランク・シナトラと並ぶスター歌手だったペリー・コモがホスト役のこの番組は、ゲストとのトークあり、歌に踊り、コントまでありの贅沢な内容で、大人気だといいます。井原さんはアメリカのテレビ局を回って、バラエティー番組の製作を学んでいたのです。

「この女性版をやりたいと思ってるんだ。クリちゃん、どう?」

## ♪窓を開けましょう

まさにやりたいことですから、二つ返事です。私が司会を務める『光子の窓』は、昭和三十三年五月に放送が始まって、三十五年の年末まで二年半続きました。言ってみれば、日本初の本格的な「音楽バラエティー番組」です。資生堂の一社提供で、毎週日曜の夜六時半から三十分の生放送でした。

放送作家は三木鮎郎さん、キノトールさん、永六輔さんが中心ですから、超一流です。ゲストも豪華で、ハナ肇とクレイジーキャッツ、徳川夢声さん、古今亭志ん生さんなどなど。オペラ歌手の藤原義江さんに出ていただいて、永さんが書いた歌劇のパロディーを演じながら『カルメン』や『椿姫』を歌ったことも。

芸能界以外からも、素晴らしいゲストをお招きしました。巨人の長嶋茂雄選手や王貞治選手に、横綱の栃錦関。テレビには出ないと言われていた、ソ連のボリショイ・サーカスも来てくれました。

技術が進歩した現在と違って、何もかもが手作りです。テーマ曲が流れると、家の中にいる私が♪窓を開けましょう♪と歌いながら、両開きの窓を外側へパッと開けて、顔を出すのがオープニング。実際は窓にヒモがついていて、両側からスタッフが引っ張っていました。

当時のテレビカメラはとても大きくて重いので、自由に動けません。だから撮ってもらうのではなく、自分から映りに行かなければいけませんでした。こっちでトークのコーナーを終えたら、あっちへ移動してダンス。次は向こうへ行って歌。合間に、カメラに映らない場所で急いで着替えます。その余裕もなければ、スカーフを巻くなど小道具ひとつで、次の役柄に変身します。そうして、床をのたくっている機材のケーブルの上を、衣装を着たまま這いずり回って移動するのです。

あの生放送の緊張感と、終わったときの爽快感は、他では味わうことができません。本番が終わるとすぐ、額を寄せ合って相談です。「来週は何をやろうか」「こんなことはできないかな」「よし、やってみよう」試行錯誤というより、暗中模索。三十五年十月には、日本で初めてカラーVTRを使って、この年の芸術祭奨励賞を頂戴しました。

何枚かの懐かしい写真を眺めながら、いろいろな記憶が蘇りました。ああ、面白い道を歩いてきたんだなと思います。しかも二十代の若さで味わわせてもらえたのは、得難い経験でした。

昔の自分の姿を見るのも、いい刺激になりますね。あのころの情熱を思い出して、ちょっと誇らしくなったりします。そして、『八十九歳の光子の窓』をやってみたくなりました。あんなふうに喋って踊って歌って、もう一度、床の上を這いずり回りたいのです。

# 勝新さん対三船さん

映画界が華やかだった古き良き時代、京都には各映画会社が撮影所を構えていて、東京からも多くの役者が仕事に行きました。いったん撮影に入れば、ある程度の期間は逗留することになります。

あちらにお住まいの監督さんや役者さんは、遠方から出向く私たちを歓待してくれました。東京の役者にとっては、羽目を外して遊べるのが楽しみでもあったのです。

私が初めて出演した映画『純潔革命』（昭和二十八年・松竹）も、京都での撮影でした。監督は『洲崎パラダイス赤信号』や『幕末太陽傳』で有名な川島雄三先生です。

その日の分を撮り終えた夕方、川島先生から「草笛君も、ちょっと行こうよ」とお誘いをいただくときがありました。行き先は、芸妓さんや舞妓さんのいる料亭です。二十歳になるかならないかだった私は、そうした場所へ出入りするのも初めてなら、芸妓さんや舞妓さんを間近に見るのも初めて。実地見学とでもいいますか、夜の大人の世界や女性の立ち居振る舞いを勉強かたがた、連れて行かれた感じでしたね。

京都にはたくさん名店がありますし、映画人は飲んだり食べたりを好む粋な方が多いので、いろいろとご存じです。ぺーぺーでお金もなかった私は、先輩の皆さんから「美味しいものを食べよう」とよくお誘いを受け、贅沢をさせてもらいました。昨日は焼肉、今日はしゃぶしゃぶ。すき焼きだったら「こう焼くんだよ」と、教えてくださったものです。

お酒がお好きだったといえば、勝新太郎さんと松方弘樹さんでしょうね。親しい役者が東京からやって来るのを、待ち構えているかのようでした。私も、あちこち連れて行っていただきました。行きつけのお店はそれぞれ違いましたが、さんざん飲んで食べてから、歌いに行くのは同じです。勝さんは三味線の師範でもありますから、行った先のお座敷に三味線があると「ちょっと取ってくれよ」と言って、すぐに爪弾いていました。

とはいえ祇園や先斗町へ行っても、私のような小娘を連れていては面白くなかったことでしょう。私がおいとましたあと、何軒回っていたのかは知りません。

勝さんも松方さんも五、六人は引き連れて行きますから、一晩にどのくらいのお金がかかっていたことか。直接お尋ねはしませんけれど、松方さんの奥様だった仁科亜季子さんに、こっそり訊いてみました。

「ね、毎晩こうなの？」

「そうなんです。『あっち行こう、こっち行こう』って」

「こんなにご馳走して、出演料がなくならない？」

「ええ、大変です。よく飲んで食べてくれちゃってます」

仁科さんは溜息をつきながら、笑っていました。大きな子どもを抱えているような感覚だったのかもしれませんね。

勝さんと私は、勝プロダクション製作のテレビ時代劇『痛快！河内山宗俊』（昭和五十〜五十一年・フジテレビ）などで共演しました。夜中まで飲むせいかどうか存じませんけれど、あの方は朝が遅いので有名です。

あれは八月の暑い朝でした。共演者はみんな衣装を着て、お化粧も終えて、大映撮影所の日陰で待っていました。どのくらい遅れたか覚えていませんが、ようやく勝さんが入って来たと思ったら、まだ柄のパンツ一丁という姿で、平気な顔をして目の前を通って行きます。

私は「みなさん早く来て待ってるのに、遅いじゃない！」と言って、お尻をパーンと叩いてあげました。そうしたら、「うわぁ」と叫びながら逃げて行きます。あれでは怒り甲斐がありません。子どもっぽくて愛嬌があって憎めない、やんちゃ坊主のような人だから、周りの誰も困ってしまうのです。

## 「ちょっと、寄ろうよ」

私がお酒をご一緒した中で、勝さんが西の代表なら、東は三船敏郎さんでしょうか。東宝の藤本真澄プロデューサーのお宅へ、原節子さんや司葉子ちゃんたち役者仲間と四、五人でお招きいただいたことが、何度かあります。ご馳走になったある日の帰り道、三船さんに「ちょっと、ここへ寄ろうよ」と誘われたのは、立ち飲みの庶民的なバーでした。

覚えているのは「僕ね、好きな女優が五人いるの」とおっしゃって、指を折って数えていったことです。その中に私も入っていたのが嬉しくて、ほかの方のお名前が記憶にないのは残念です。口説かれたのではありませんよ。三船さんは、そんな人じゃありません。

その晩は、タクシーでご自宅までお送りしました。お家に着いて奥さまが出て来たら、「まあ!」と睨まれているのが可愛らしかった。

お酒といえば、「社長シリーズ」（出演は『サラリーマン忠臣蔵』から）で何本も共演した森繁久彌さんや三木のり平さんを忘れるわけにいきません。劇中には宴会シーンが付き物で、お二人を中心に加東大介さんや小林桂樹さん、フランキー堺さんも加わって、宴会芸を披露するのがお約束。踊りがあったり寸劇があったりで、どの作品でも名場面となっていました。

撮影は地方ロケが多かったので、旅館に泊まる夜は本物の宴会です。皆さんよくお飲みになるし、撮っている映画の雰囲気そのままに、楽しいお酒でした。その宴会の最中に本気で披露される出し物は、とても劇中の宴会芸程度ではすみません。玄人揃いですから、ここぞとばかりに競い合うのです。

観客は私たち共演者とスタッフだけですが、タダで見せてもらうのがもったいない。お金を取ったらいくら貰えるだろうと、勝手に考えてしまったほどです。ときには色っぽい芸も飛び出します。どんな出し物だったかって？　映画館で上映できないような内容ですから、ここへ書くわけにもいきません……。

## 橋田賞の授賞式にて

「第三十一回橋田賞」の特別賞を頂戴しました。この賞は、二年前に九十五歳で亡くなった脚本家の橋田壽賀子先生がお創りになった、橋田文化財団の主催です。私は「長年多くの番組に出演して、放送文化の発展に大きく貢献した」と認めていただいたのです。

『渡る世間は鬼ばかり』をはじめ、橋田先生の作品にはいくつも出演しました。「あなた、もっと出たいでしょ。もっと演じたいでしょ」と励ましてくださった先生のお言葉を、改めて嚙みしめます。

特別賞を一緒に受賞したのは「永遠の若大将」加山雄三さんです。五月十日に行なわれた授賞式の会場で久しぶりに再会して、お互いに元気でいることを喜び合いました。

四つ年下の加山さんとは、「若大将シリーズ」のほか、成瀬巳喜男監督の遺作となった『乱れ雲』（昭和四十二年）など、たくさん共演作があります。忘れられないのは、『ホノルル・東京・香港』（千葉泰樹監督・昭和三十八年）という映画のハワイロケです。

加山さんのお母さまは、上原謙さんと結婚して女優を引退した小桜葉子さんです。その小桜さんが、ロケに付き添っていました。

「ねぇ草笛さん、一緒にお買い物に行って。ウチの坊やがたくさん食べるから、ホテルの部屋でご飯を炊かなきゃならないの」

と言われて、何度もアラモアナ・ショッピングセンターへお付き合いしました。おかずを買って、お米も買って、日本から持ち込んだ炊飯器を使って毎日ご飯を炊くのです。

若かったせいもあって、加山さんは食べる食べる。パンでは物足りなくて、ご飯でなければお腹が持たなかったのでしょうね。どんぶりで軽く二、三杯は食べるので、私は「おどんぶりさん」と、あだ名を付けてあげました。

加山さんと一緒に、戦争映画の撮影現場へ激励に行ったこともあります。東宝の

藤本真澄プロデューサーから、
「ちょっと二人で行ってくれよ。長いロケでみんな遊ぶ所がないから、加山君と歌合戦をやって来て」
と頼まれたのです。加山さんはギターを抱えて、私は何を歌ったのかしら。兵隊さんの扮装をしている役者さんたちの前ですから、本物の慰問団みたいでしたね。

橋田賞の授賞式では、プロデューサーの石井ふく子さんとも久々にお会いしました。ふく子さんがお住まいのマンションには、女優の京マチ子さんと奈良岡朋子さんも部屋をお持ちでした。ふく子さんは、ご主人の黒川紀章さんを亡くされた若尾文子さんも引っ越してくるように誘って、独り身の女四人でときどき集まっていたそうです。

ところが令和元年に京さんが亡くなり、五年三月には奈良岡さんも亡くなってしまいました。

奈良岡さんと池内淳子ちゃんと私の三人は、若い頃、年に一、二回、都内や横浜のホテルに泊まる会を続けていました。いまでいう「女子会」ですね。ベッドが二つの部屋だと、「すみませんけれど、もうひとつベッドを入れてください」とお願いして、好きなお酒やおつまみを持ち寄ります。というのも、

「ちょっと聞いてよ。この前こんなことがあったのよ」

「あら、それはひどいわね」

と、人に聞かせられない話を打ち明け合うので、レストランには行けないからです。と言っても誰かを陥れるような悪口ではなく、建設的な愚痴ですよ。劇団民藝に所属していた奈良岡さんは、ずっと新劇。淳子ちゃんは映画とテレビ。私はミュージカル出身で商業演劇と畑が違うから、何でも話し合えます。三人とも歯に衣着せず、一言あるメンバーだから楽しいのです。

さんざん飲んで酔っ払って、その晩はグーグー寝て、朝になったら各自の日常へ戻ります。「私は舞台」「私はテレビ」「私は映画」「じゃあ、次回は横浜でね」と別れて、バラバラの仕事場へ向かうわけです。

平成二十二年に七十六歳で亡くなった池内淳子ちゃんは、私と同い年でした。奈良岡さんは四つ歳上です。二人ともいなくなって、残されたのは私だけ。お酒とおつまみを抱えて独りでホテルに泊まっても、よけいに寂しくなるだけですよね。

特に奈良岡さんとは、長いお付き合いでした。舞台で共演する機会はあまりなかったのですが、ＮＨＫのラジオドラマでよく一緒になりました。歌舞伎の役者さんばかりの中に、女優は二人。どういうわけか、いつも奈良岡さんと私だったのです。

私はそのころ、定期的にブロードウェイへミュージカルを観に行っていました。十日から十五日くらい滞在して、何本も何本も観ます。あるとき、

「私も後から行くわよ」

と奈良岡さんが言うので、

「それなら、同じホテルに部屋を取っとくわね」

と答えたら、本当に追いかけてきたことがあります。ホテルの部屋の窓際に並んでセントラルパークを見下ろしながら、奈良岡さんに言われました。

「あなた、こういう所へ年に二回も三回も、勉強に来てるのね。偉いわねぇ。それ

で、日本へ帰って何をやってるの?」

「何って……あんまりやってない」

私は下を向いてしまいます。

「何かやらなくちゃ、しようがないでしょう。これだけお金をかけてるんだから、ちゃんと活かさなきゃダメじゃない!」

耳に痛いことをピシッと言ってくれる人こそ、本物の友だちですよね。「その通りだな」と思いながら、涙が出そうになりました。奈良岡さんの言葉は一つひとつがグサッと刺さるのですが、きつさの中に大きな温かさがありました。

おっかないけれど大切な人が、少なくなっていきます。

# 女学校の思い出

　私の母校は、神奈川県立横浜第一高等女学校（現在の横浜平沼高校）です。神奈川県初の女学校で、県下の才媛が集まると言われる名門でした。父が受験を勧めたのですが、勉強が苦手な私はとても無理だと思いました。けれども父は、

「光子、人間というのは自分でダメだと思ったら、何をやっても上手くいかないものだよ。高い望みをもちなさい。失敗してもいいから、力いっぱい挑戦してみなさい」

　と励ましてくれました。そこで自分なりに頑張って勉強したところ、なんとか合格できたのです。

　我が家の最寄り駅は、東急東横線の反町でした。女学校があるのは、隣りの横浜駅です。ところが私は、そのたったひと駅の電車に乗ることができません。家族以外とは目を合わせて話せないほど内気だったので、満員電車に押し込まれて知らな

い顔に囲まれていると、息が苦しくなってしまうのです。

そこで家を一時間早く出て、片道四キロを歩いて通うことにしました。当時、高校生で近くにお住まいだった作曲家の黛敏郎さんから、「歩いている草笛さんを、よく見ましたよ」と言われたことがあります。

目立つ生徒ではなかったはずなのに、ときどき上級生から、

「ちょっとあなた、昼休みにいらっしゃい」

と呼び出されたりしました。指定された体育館の裏へ行くと、おっかない先輩が五、六人待っていて、

「下駄箱に手紙を入れたのに、どうして返事くれないの？　失礼よ」

と、言葉でチクチクとやられるのです。「エス」と言っても、いまの方はご存じないでしょう。女生徒同士の特別な関係を、「ｓｉｓｔｅｒ」の頭文字を取って、そう呼んだのです。文通したり、一緒にお出かけする程度の可愛らしいお付き合いですが、少女雑誌にそんな小説がよく載っていて、流行っていました。

誰かと仲良くなりたいときは、相手の下駄箱に手紙を入れるのが定番です。でも

私は、群れるのが嫌いですし、返事をせずに放っておきました。そのせいで、「あなたね、このごろ態度がよくないわよ」などと吊し上げられたのです。

授業で苦手だったのは音楽です。みんなで声を合わせるコーラスが、嫌でした。人と同じことをやらされると苦痛に感じるのも、あの当時から変わりませんね。

身体を動かすことが好きだったので、放課後は舞踊サークルで活動していました。やっていたのは創作舞踊です。先生が、たとえば一輪挿しを持ってきて、「はい、今日はこれを演じてください」と言ってピアノを弾き始めます。生徒は一人ずつ、音色に合わせて歩きながら、その一輪挿しを身体で表現するのです。難しいのですが、とても面白かったのを覚えています。

## 〝文学少女〟岸惠子さん

舞踊サークルの二学年上に、のちにＮＨＫ『美容体操』の初代講師として有名になる竹腰美代子さんがいました。爽やかなショートパンツ姿で美容体操ブームを巻き起こし、皇居へ通って香淳皇后さまをご指導したことでも知られています。秀才だった竹腰さんは、お茶の水女子大の体育学科へ進みました。はきはきした方で目立っていて、みんなが憧れる先輩でしたね。

舞踊サークルの一学年上には、岸惠子さんがいました。ということは、もう七十五年のお付き合い。お互いに忙しくて会えない時期も多いのですが、プライベートもよく知る間柄です。

女学校時代の岸さんは、本を抱えて歩く姿が似合う文学少女でもありました。松竹の大船撮影所へ見学に行ってスカウトされるのですが、一緒に行った同級生もスカウトされています。校内で「あの二人は、卒業したら女優になるのよ」と噂になっていました。お友達は丸いお顔をした可愛らしい方で、小園蓉子さんという芸名でデビューしました。のちに日活へ移籍して、テレビドラマにもたくさん出ています。

その学年には、日比野恵子さんという方もいます。女学校を卒業後、二回目のミス日本グランプリを受賞しました。第一回グランプリが山本富士子さんですから、すごいことです。そのあと日比野さんは、新東宝の専属女優として活躍されました。同じ学年から映画女優が三人も出るなんて、珍しいでしょうね。本来は法律家や学者になるような、頭の切れる生徒が多い学校です。実は私も、母からは医者になることを期待されていたのです。ですから松竹音楽舞踊学校の試験をこっそり受けて合格したとき、両親は猛反対。信頼していた体操の男の先生に相談すると、こうアドバイスされました。

「自分の人生は、自分で決めるのが一番いいことだ。だが迷っているのなら、決心をひと月延ばしたらどうだろう。女学校を休んで音楽学校に通ってみて、そのあと自分で決めればいい」

私はその考えを受け入れました。そして両親を説得し、女学校を中退して音楽舞踊学校に専念する道を選んだのです。体操の先生は、温かく送り出してくださいました。けれども別の先生は、母に言いました。

「何も娘さんを、あんな水商売すれすれのところへ行かせなくても」

そばで聞いていた私は、「こうなったら後には引けない」と覚悟しました。「音楽舞踊学校で一番になってやる!」生来の負けん気に、火が付いたのですね。

卒業まで三か月ばかり残して中退したことは、心残りになりました。とはいえ、虚弱児童だった私が丈夫な身体を手に入れたのは、毎日の徒歩通学の賜物です。引っ込み思案だった性格も、舞踊サークルなどで友人ができたために、いくぶん社交的になれました。その後の人生を形作ってくれた女学校に、いまも感謝しています。

# 身体と心のトレーナー

「言った通りに毎日十回、家の階段を上り下りしてる？　夜更かしを止めて早く寝てる？　やってない？　ダメでしょ、そんなことじゃ！」

いつも怒られてばかりですが、怒ってくれる人こそ大事。パーソナルトレーナーの伊藤幸太郎さんとは、十六年のお付き合いです。ご自分のトレーニングスタジオに生徒さんを集めてレッスンする傍ら、週に一回我が家へ来てくれます。

私が体力を維持して仕事を続けていられるのは、彼のおかげです。帝国ホテルでパーティーを開いたときはエスコート役をお願いして、タキシード姿で腕を組んで入場してもらいました。

私の年齢に応じてメニューを工夫してくれますし、「半年後に舞台の公演がある」と言えば、それまでに身体をどうやって作り上げるか考えてくれます。特に声を出すには、ある程度の馬力が必要です。舞台で「アアー！」と言うとき、「アァ

〜」では困ってしまうのです。

「これくらいの運動ができなかったら、次の舞台に立てないよ。千穐楽の前に倒れたらどうするの！」

と叱咤してくれ、出された宿題をサボったら、怒る怒る。誰に対しても同じらしいですが、ズケズケものを言うのです。

**コータロー（以下、コ）**「だって言いたい放題言わないと、やらないでしょう。『草笛さん、こうしてください〜』ってゴマをすってたら、あなたは絶対やらないもの」

**私**「こんな人と、よく十六年もケンカしないでやってきたわね」

**コ**「それは僕が大人だから」

**私**「いいえ、私が許してるから」

**コ**「何回『もう二度と来ないよ』って言おうと思ったか」

**私**「こっちが我慢の連続よ」

**コ**「それは僕も一緒です」

コータローさんと知り合ったのは、平成十八年の舞台『6週間のダンスレッスン』がきっかけでした。出演者二人だけで、たくさんのダンスを踊るお芝居です。東京での初演を終えたあと、七十代前半だった私は疲れて熱を出してしまいました。もっと体力を付けなければと考え、共演した今村ねずみさんから紹介していただいたのです。

一回のトレーニングは二時間ですが、その前に三十分はおしゃべり。だいたい、私の愚痴やお悩み相談です。

**私**「近ごろ疲れるし、もう仕事やりたくない。引退したいわ」

**コ**「引退すればいいじゃない? たくさん仕事してきたんだから、やりたくてもできなかったことを楽しめばいい。だけど草笛さんは、仕事が趣味でしょう。残念だけど、引退したらやることがなくて、三日で飽きるね」

**私**「そうね、趣味ないもんね……」

**コ**「丈夫だから、あと何年生きるかわからないね。でも仕事を辞めてお金が入ってこなくなったら、お手伝いさんは雇えないよ。家事ができないんだから、食べていけないよ」

**私**「そうね、生活できないね……」

**コ**「前にお手伝いさんがお休みしたとき、『朝ご飯は自分で作ったわよ』って言うから『何を作ったんですか』と訊いたら、『パン焼いたわよ』って言ったでしょう。それ、草笛さんが焼いたんじゃなくて、トースターが焼いたんだから」

**私**「もうわかったわよ。さっさと鍛えて仕事するわよ……」

私が沈み込んでいるときは、心の中を読まれて、「いい仕事をやってるのに、どうしていい顔ができないの？　もっと楽しんでやりなさいよ」

なんて怒られたりします。だらけたり弱気になりがちな私の精神まで鍛えてくれるので、

「あなたはトレーナーというより、私の精神科医のようね」

と言ったほどです。

## 痛い……でも翌日は快適

そんなおしゃべりを終えたら、重い腰を上げて、トレーニング開始です。いまの私には、足の筋力を維持することと、血流をよくすることが必要だそうです。どんなメニューかというと、まず長椅子に座って、骨盤を前後傾して背骨を柔らかくする体操をします。

次はバランスボールを使います。最初はまたがって、足を広げたり閉じたりして上下に弾む。それから両足を上げたまま、お尻を左右に振ります。転げ落ちないようにバランスを取るのが、なかなか難しい。

その次は仰向けになって、足上げ腹筋です。下げるときは足が床に着く寸前で止めるから、かなりきつい。以前は、バランスボールを足に挟んでやっていました。

こうした運動を十回ずつ二セットくらいやってから、スクワット十五回を二セット。「どっこいしょーの、しょ。えんやこらしょ」で、もう汗びっしょり。でもハードにやるほうが、気持ちいいんですね。

そのあとが、いよいよ「加圧トレーニング」。まず腕と脚の付け根にベルトを巻いて、空気を送って締め付けます。血圧測定みたいな感じですね。そうやって血液が流れる量を制限しながら、ダンベルの上げ下げやスクワットをやるのです。

コータローさんの説明によれば、静脈は体の表面にあって、動脈は骨に近いところにあるため、圧を加えることで静脈だけ血液が通わない状態になります。すると、流れ込んだ血液は行き場を失うので、いつもは使っていない毛細血管のところに新しい血管ができる「血管新生」という作用があるのだとか。

その結果、血行がよくなる、血管が弾力を取り戻す、持久力と瞬発力の筋肉を同時に鍛えられる、成長ホルモンによる若返り効果などが得られるとのことです。

ところがこれ、痛くて痛くてね、悲鳴を上げながらコータローさんに悪態をつきます。それなのに、翌日は実に快適。「確かに身体にいいんだな」と実感します。コータローさんが来てくれるたび、私は身体も心もスカッとできるのです。

# お肉が大好き

前回は日頃やっているトレーニングについて書いたので、今回は食事の話をしましょう。

私は味にうるさくありませんが、食べることは大好きです。コテコテしたフランス料理などより、シンプルな家庭の味がいいですね。美味しいお味噌汁と温かいご飯、浅漬けのお新香をパリパリ、なんていうのが好き。で、二日か三日に一遍は、お肉が欲しい。

お肉とお魚だったら、断然お肉です。中でも好きなのは牛肉で、ステーキだと〝よく焼き〟で百五十グラムくらいいけます。豚肉なら、ヒレカツやスペアリブ、酢豚も好きです。ほかにはハンバーグ、鶏の唐揚げ、エビフライ。フライドポテトも大好き。焼き芋は、散歩に出た帰り道についスーパーで買ってしまいます。

高齢女性の好みじゃないと言われますね。成年男性、というより少年男子に近いと。

大嫌いなのはウナギです。味ではなく、姿かたちがダメ。同じ理由で穴子やドジョウもイヤ。タコが苦手なのも、元の形を連想するせいでしょうか。

我が家にはお手伝いさんが三人いて、交代で来てもらっています。幸せなのは、三人揃って料理がお上手なこと。わざわざ外のお店へ食べに行こうという気になりません。高級料理店には申し訳ないけれど、ウチで食べるほうが美味しいからです。

メニューが重ならないように、申し送りもしてくれます。たとえば六月のある週は、こんな献立でした。
・月曜日
朝――フレンチトースト、サラダ、カボチャのスープ、ヨーグルト、果物。
晩――牛肉の薄切り焼き&大根おろし、ビーフン、里芋の煮つけ、レンコンのきんぴら、ご飯、お味噌汁、果物。
・火曜日
朝――生ハムサラダ、トウモロコシ四分の一本、パン、コーンスープ、ヨーグルト、果物。
晩――銀だら西京漬け、肉じゃが、酢の物、いんげんの胡麻和え、ご飯、お味噌汁、果物。

・水曜日
朝――ガーリックトースト、サラダ、トマトスープ、ヨーグルト、果物。
昼――磯辺餅二個、果物。
晩――海鮮ちらし寿司、すまし汁、ささみの梅オクラ和え、松前漬け、果物。

朝食は、九時半くらいに食べる日が多いです。野菜サラダをモリモリ食べるのが定番。胡麻のドレッシングと柚子のポン酢を、混ぜてかけます。たくさんの種類を細かく刻んでもらってトッピングもあるので、結構なボリュームです。特に仕事の前は、身体に力をつけておかなきゃいけません。撮影の途中でお腹が空いても、一人だけ抜け出すわけにいきませんからね。
果物も好きなので、必ず二、三種類出してもらいます。食べながらレモンティーを飲んで、食後はコーヒーを飲みながら、おやつに手を伸ばします。和菓子でも洋菓子でも止まらなくなってしまうので、あまりたくさんは食べさせてくれません。

家にいる日のお昼は、朝ご飯の時間次第で、食べたり食べなかったり。食べ過ぎると夕食までにお腹が空かないので、おにぎりだけにすることもあります。

ご飯は、普通サイズのお茶碗に一杯は食べます。お手伝いさんから、「私より食べますね」と言われるほどです。でも、前の日に食べすぎたとか食べる時間が遅かったりした次の日は、自分でバランスを取っているつもりです。

## 菓子パン消失の謎

三人のお手伝いさんは私の好みに合う物を考えてくれるし、健康を気遣ってくれます。カレーを具がなくなるまで煮込むのは、私に野菜を食べさせる工夫だそうです。葉物のサラダはしっかり食べるのですが、お肉の付け合わせやスープの具になっている根菜は、残してしまうことがあるのです。朝食を作りながら晩ご飯のカレーを煮始めるといいますから、有難いことです。

何が食べたいか訊かれたときは、やっぱり「お肉買ってある?・」と言うことが多いです。お肉以外では白滝が好き。肉じゃがもすき焼きも、白滝を多めにしてもらいます。

でも私好みの味付けにしたすき焼きは、味が濃いので一緒に食べられないとみんなが言います。せっかく塩分を控えて作ってくれたお料理も、食べるときに醤油やソースをドボドボかけてしまうので、意味がありません。私は、肉まんにもソースをつけるほどですからね。

ですが健康診断を受けても、悪い数値は見つかりません。コレステロール値が高めなのは以前からだし、甘いものをよく食べるわりには糖尿病にもなりません。胃もたれとか胸やけも、めったにしません。一度、胃が重たいなと感じたことがあるのですが、マネージャーから「昨夜あんなにたくさん食べたからです」と遣り込められてしまいました。

夕飯は、七時までには食べ終えます。そのあとたいてい遅くまで起きているので、夜中になると小腹が空きます。泊まり込んでいるお手伝いさんの目を盗んで抜き足差し足で台所へ行き、柿の種をこっそり取って来てつまむのが至福の時であることは、前に書きましたね。私は完全犯罪だと確信していたのに、小袋の数が減るので実はバレていたのです。

先日、泊まりがけで地方へロケに行って、スタッフから菓子パンをたくさんいただきました。ホテルの私の部屋に預かっておいて、翌日みんなの朝ご飯にする予定でした。

朝になってマネージャーと付き人が部屋へ来て、囁き合っています。

「あれ、二つ減ってるわ」

「草笛さんが食べたのね」

深夜の密室で発生した、菓子パン行方不明事件。容疑者は私一人。まさか数えていたなんて、思いも寄らず……。

## ヤケクソの力

昨年（令和五年）の後半は、よく働きました。三本も続けて映画に出たのです。最後に撮ったのが、最も早く六月二十一日に公開される『九十歳。何がめでたい』です。

撮影には二か月かかりました。映画はだいたい、ひと月ほどで撮り終えるのですが、九十歳で主演を務める私の体調を気遣って、お休みをたくさん入れたスケジュールを組んでくださったのです。

私のマネージャーが申しますには、とてもチームワークのいい現場だったそうです。八十人あまりのスタッフが全員で私を盛り上げようと、まとまってくださったというのです。まるで、一人きりのピッチャーを支えながら甲子園優勝を目指す野球部のようなノリだったとか。

私自身は無我夢中というか、五里霧中というのか、演じるのに精一杯でそこまで気が回りませんでしたけれど、共演者やスタッフのみなさんにとっていい思い出になったなら、満足です。映画の世界も、労働時間やパワハラに厳しくなりましたからね。私もハラハラです。

撮影が終了したのは、暮れの十二月二十二日でした。「本日をもちましてオールアップです」と前田哲監督に言われて花束を頂戴し、インタビューを受けました。それがまた、いい意味で期待を裏切ったそうです。「力いっぱいやり切りました」と涙などこぼせば周りをしんみりさせてしまうでしょうけれど、「もう終わったの?」とボケたせいで、楽しく笑って終えられたというのです。

この映画で私が演じたのは、原作者の佐藤愛子先生ご自身です。これまで七十年を越える芸歴でいろいろな役に扮してきましたが、実在の人物、しかもご存命の方を演じるとは、なかなかない経験でした。

前田監督は、『老後の資金がありません!』(令和三年)の出演交渉にいらしたときは、

「役作りはしないでください。何もしなくても、草笛さんはじゅうぶん可笑しいで

すから」

とおっしゃいましたが、今回は、

「見た目を愛子先生に近づけたい」

と希望されました。

「草笛光子のままに見えると、女優っぽ過ぎます。あまり華やかに映らないようにしたい」

と言われて、眼鏡をかけてみたほか、衣装も愛子先生の以前の写真から似たようなものを作ったりしてくれました。

実は、髪の毛にも手を入れました。自然なままのグレーヘアが私らしいと思ったのですが、少し黒く染めたのです。ヘアメイクさんも毎日大変でしたけれど、私も大変でした。撮影から帰って来て髪を洗うたび、黒いおつゆが出るのですから。

撮影所には、愛子先生のご自宅の応接間と書斎をそっくり移築したようなセットが作られました。書棚の中や愛犬の遺影まで細かく再現されていたようで、見学にいらっしゃった愛子先生のお孫さんが、本物のお家にとても近いと感心していらしたそうです。

ついでに私をご覧になって、

「ウチのお祖母ちゃんは、あんなに品はありません」

とおっしゃったとか。もちろん、お世辞でしょうけれども。

愛子先生に似せるといわれても、見た目だけそっくりにすればいいわけではありません。モノマネではないのですから、女優の私が役柄として演じる以上、内面から醸し出される雰囲気や風格も表現することが必要です。

映画の原作となったエッセイを読ませていただくと、独特の愛嬌と気取らなさに、味わいがあることに気付きます。スパスパッとお好きなことを歯に衣着せずに書きながら、人を傷つけず、面白がらせてしまう。気の利いたことを言おうとか言葉を飾ろうなどとせず、ポンポンと小気味いいくらいにストレートです。潔くて気持ちよくて、読み進めていくと、世の中の景色がパーンと明るくなります。

**「のんびりしよう」なんてダメ**

平成二十九年に旭日小綬章を叙勲された際の記者会見で、『九十歳。』がベストセラーになった感想を訊かれた愛子先生は、こうお答えになっていました。

〈今の人たちは昔のように率直でなくなって、何かしら思ったことをあまり言えないで、こう言えばこう言われるんじゃないか、こういうことを言うとまたうるさいんじゃないかっていうことを考えながら生きている人たちが多くなっているところに、言いたい放題言うのが現われたから、珍しく感じられたのかなと。それぐらいしか思い当たりませんけど、変な時代ですね。そう思います〉

確かに、他の誰かだったら「え、そんなこと言っちゃっていいの?」と戸惑うようなことでも、愛子先生が言えば通ってしまいます。意地悪にも嫌味にも、ジメジメと後を引く言葉にもなりません。

そこが、お人柄なのでしょう。世間に対するモノの見方も、青空へ抜けるような書き方も、全てひっくるめて気持ちがいいのです。

ですから私は、その気持ちよさに乗ろうと思って演じました。すごく難しいし怖かったのですが、とても嬉しくて、女優としてのやりがいを感じる仕事でした。

『九十歳。』の連載を『女性セブン』に始めた当時を振り返って、愛子先生は次のように書いていらっしゃいます。

〈なくなった力をふるい起すために、しばしば私はヤケクソにならなければなりませんでした。ヤケクソの力で連載はつづき、そのおかげで、脳細胞の錆はいくらか削れてなくなりかけていた力が戻って来たと思います。人間は「のんびりしよう」なんて考えてはダメだということが、九十歳を過ぎてよくわかりました〉

なるほど、ヤケクソの力。九十歳を過ぎたばかりの私も、見習って生きて参りましょう。本年もどうぞよろしく、お付き合いくださいませ。

# めでたい、めでたい。

私の主演映画『九十歳。何がめでたい』が完成しました。自分が九十歳になったのはめでたくもありませんけれど、映画が無事に出来上がったことは、誠にめでたい。

先日、宣伝用のポスターが公開されて、私にも送られてきました。とても大きなサイズで、自分の顔が実物より巨大なので驚きました。真っ赤な背景に、金と赤の水引まで描かれていて、おめでたい限りです。

合わせてメインキャストが発表になりましたから、皆さんのコメントと合わせてご紹介させてください。

私が演じたのは、原作者の佐藤愛子先生ご本人です。作家生活から引退を宣言して退屈な毎日を送っているところへ、女性誌に左遷された中年の冴えない編集者が、エッセイの連載を頼みにやって来ます。それが唐沢寿明さんです。

〈草笛光子さんが主演を務められるということで、何か自分にできる事はないかと思い、出演を決めました〉

とおっしゃってくださいました。

唐沢さんとしっかり向き合ってお芝居をしたのは、今回が初めてです。大河ドラマ『利家とまつ〜加賀百万石物語〜』（平成十四年・NHK）でお会いしたのが最初ですが、私は秀吉の母・大政所の役でしたから、前田利家と一緒の場面は多くなかったのです。唐沢さんは東京・台東区のご出身なので、下町っ子。私は横浜っ子ですから、言いたいことは言う裏表のない性格が似ているのか、とても演じやすいお相手でした。

唐沢さんの奥さん役が木村多江さんで、お二人のお嬢さん役は中島瑠菜さんです。愛子先生の実在の娘の響子さん、つまり私の娘の役は、真矢ミキさんが演じてくださいました。

〈愛子さんを母にもつ響子さんは、そのDNAをしっかりと受け継がれた方なのか？　それともひっそりと控えながら長く支えられてきたのか？　はたまた母娘の

攻防が日々繰り広げられているのか？（略）想像が膨らんでは悩み、膨らんではしぼみの繰り返しでした〉

とお話しになっています。

真矢さんとは、『捜査地図の女』（平成二十四年・テレビ朝日）というドラマでも親娘に扮しました。地図の作成に長けた京都府警の刑事という役は、真矢さんにうってつけだったようです。何しろ、地図を眺めながらお酒を飲めるぐらいの地図好きで、尊敬する人物は伊能忠敬だというのですから。

撮影所に何度も美味しいチョコレートを持って来てくださって、孫娘役の藤間爽子（ふじまさわこ）さんと三人で、いつも楽しくおしゃべりしながらいただきました。ただの女子会ですね。ある日は栗の入ったチョコで「お嫌いかしら」と心配なさるので、「名前なので大丈夫です」と答えて頂戴しました。私の本名は栗田ですからね。まぁ私は、何でもありがたく食べるのですが。

〈おばあちゃん、お母さん、そして孫。女3人の妙にリアルな距離感、関係性には、是非、笑って頂けたら嬉しいです〉

と語っているのが藤間さんです。本当の孫みたいに可愛らしいと思っていたら、日本舞踊の家元「三代目　藤間紫」でもいらっしゃるのですね。三月末まで放送していた朝ドラ『ブギウギ』（ＮＨＫ）では、小学生くらいの男の子がいる母親を演じていて、印象が全然違うのでびっくりです。

実はほかにも、それはそれは豪華な共演者が何人もいらっしゃるのですが、おいおい発表になるようなので、まだ内緒です。

## 年を取るのも楽しそう

可愛い犬たちも登場します。難しかったのは叱るシーン。構ってもらえないせいで、拗ねてサンダルを隠してしまった飼い犬を叱らなければいけないのですが、私は犬好きなので、つい優しくなってしまいます。だって目の前にいるタレント犬は初対面だし、何も悪さをしてないんですからね。お互いに芝居とはいえ、「こらーっ」と大きな声を出すのが心苦しかったのです。

芸達者な共演者ばかりで、前田哲監督をはじめとするスタッフの皆さんも温かく、楽しく演じることができました。原作エッセイは、ギスギスと暮らしにくくなった世の中や、文明の進歩という名の不便さを「いちいちうるせえ！」とやっつける痛快さが受けて、シリーズで百七十万部近いベストセラーになっています。

唐沢さんが〈この物語のモデルになった佐藤愛子先生は、はっきりものを言う方なのだろうと思います。体裁を気にすることが多いこの世の中だからこそ、先生のような方が支持されるのではないでしょうか〉とお話しになっている通り、毒の中に独特のユーモアがあるので、読んで後味がいいのですね。

木村多江さんは、こうコメントされました。

〈以前草笛さんとご一緒したのはずいぶん前ですが、打ち上げで草笛さんが踊っていらして、私もこんな風に歳を重ねたい、と憧れの眼差しで眺めていたのを思い出します〉

あら、そんなことあったかしら？　私はこの映画の撮影が始まって間もなく、九十歳の誕生日を迎えました。みなさんから「おめでとうございます」と祝っていただきましたが、佐藤愛子先生が連載エッセイのタイトルを『何がめでたい』としたた理由が、よくわかります。

わかりますけれど、その愛子先生はいま百歳。私の十年先を歩いていらっしゃるのです。

年を取るって大変そうだけど、ちょっと楽しそう。この映画をご覧になった方が、そんなふうに思ってくださったら嬉しく思います。

# あとがき――老いとの戦いの中で――

「きれいに生きましょうね」と題する私の連載が『週刊文春』で始まったきっかけは、テレビ番組『兼高かおる世界の旅』で知られた旅行家の兼高かおるさんが亡くなったことです。平成三十一年の一月でした。

この本の中にも書きましたが、長く彼女と親しくしていた私は、『週刊文春』からインタビューを頼まれて思い出を語ったのです。その記事が載ったあと、当時の加藤晃彦編集長から丁寧なお手紙が届きました。一節をご紹介しますと、〈お言葉からは、兼高様の人生だけでなく、草笛様の「生きざま」が伝わってまいりました。それは、凜とした強さです。ご自身の生き方、言葉、仕事、生活に責任を持って、生きておられる「美しさ」です。私は、この言葉を『週刊文春』の読者に伝えたいと思いました。

今、小誌の読者は半分が女性です。寿命が延び、「人生百年」というかつてない時代を迎えています。長生き自体は、難しくない時代になりましたが、それゆえ、どう生きるべきか、迷いが生じています。そんな読者に、草笛様にご登場いただくことで、こんな生き方があるということを伝えられたらと考えております〉

読んで心を打たれた私は編集長に電話をかけて、「お引き受けします」とお返事しました。まぁ上手くおだてられて、木に登ったってわけです。

実際に連載が始まったのは、令和三年の三月十一日号でした。あれから三年あまり、隔週で約七十五回。よくも続いたものですが、読者の皆さまのご期待に応えられましたかどうか。

もっと上手く書きたかった――。

単行本にするに当たって、中身を読み返してみての感想です。だって、ボヤいたり愚痴ったりばかりですからね。もうちょっと、背筋を伸ばしたシャンとした内容を、残したかったと思っています。

私の芸能生活は、七十四年を超えました。どんな舞台でも映画でもテレビドラマでも、その時々の自分の精一杯をお見せしてきました。同時に、内心では「もっと上手くできたはずだ」「今度はこんなふうにやってみよう」と思うことの繰り返しです。次の仕事への「もっと、もっと」という意欲が、私を九十歳まで駆り立ててきたのです。同じ意味で今回の本も、「もっと上手く書けたはずだ」と思っているわけです。

近頃は、毎日が老いとの戦いです。しかも、老いに軍配が上がる場面が増えています。この世にあと何年いるのかわかりませんが、次の機会があれば、もっと面白い話、もっと皆さまの役に立つ話をお届けしたいと考えています。

この本をお手に取ってくださり、誠にありがとうございました。

令和六年五月吉日

草笛光子

本書は「週刊文春」二〇二一年三月十一日号〜二〇二四年三月二十一日号
掲載の「きれいに生きましょうね」に加筆修正したものです。

カバー写真　田上浩一
イラスト　伊藤絵里子
装丁　鶴丈二
構成　石井謙一郎

**草笛光子**（くさぶえ・みつこ）

1933年神奈川県生まれ。50年松竹歌劇団に入団、53年『純潔革命』で映画デビュー。「社長シリーズ」をはじめ、東宝喜劇に多数出演。58年から「光子の窓」の司会を務める。日本ミュージカル界の草分け的存在で、『ラ・マンチャの男』『シカゴ』などの日本初演に出演。近年の出演作に、映画『老後の資金がありません！』『次元大介』『九十歳。何がめでたい』、NHK大河ドラマ『真田丸』『鎌倉殿の13人』、舞台『ドライビング・ミス・デイジー』などがある。

---

# きれいに生きましょうね

## 90歳のお茶飲み話

二〇二四年五月三十日　第一刷発行

著者　草笛光子

発行者　大松芳男

発行所　株式会社　文藝春秋

〒一〇二-八〇〇八

東京都千代田区紀尾井町三-二三

電話　〇三-三二六五-一二一一

印刷所・製本所　大日本印刷

組版　エヴリ・シンク



ISBN978-4-16-391769-6　Printed in Japan